KB097530

황효진

책부터 팟캐스트까지, 다양한 콘텐츠를 꾸준히 만들고
때때로 실패하며 배우는 기획자.
엔터테인먼트 중심의 온라인 잡지 『텐아시아』와
『아이즈』에서 기자로, 일하는 밀레니얼 여성을 위한
커뮤니티 '빌라선샤인'에서 콘텐츠 디렉터로 일했다.
인터뷰집 『일하는 여자들』과 『소년소녀, 고양이를
부탁해!』를 공저로 냈고, 에세이집 『아무튼, 잡지』를
썼다. 여성 스탠드업 코미디쇼 『래프라우더』를
공동 기획했으며, 프로젝트팀 '헤이메이트' 멤버로 여성이
보는 여성의 이야기를 다루는 팟캐스트 『시스터후드』를
만들고 있다. 불안하면 일을 벌이는 습관이 있고
그래서 가끔 자책하지만, 덕분에 콘텐츠 기획의 근육을
단련할 수 있었다고 생각한다.

나만의 콘텐츠 만드는 법

나만의 콘텐츠
만드는 법

읽고 보고 듣는 사람에서
만드는 사람으로

황효진 지음

내 콘텐츠를 만들고 싶은 사람들에게

저는 생각나는 대로 기획해 보는 걸 좋아합니다. 괜찮은 아이디어가 떠오르면 몇 번이고 머릿속에서 그걸 굴려 봅니다. '비 오는 날 하는 야외 수영'이나 '별 계획 없이 가는 호텔'처럼 내가 좋아하는 사소한 것에 관해 아주 짧은 글로 이야기해 볼까? 일과 삶의 환경이 급격히 변하고 있는 지금, 내 세대에게는 참조가 될 만한 선배가 많지 않으니 일하는 내 또래 여성의 인터뷰를 모아 보면 어떨까? 엔터테인먼트 비평을 어떻게 잘 읽히는 콘텐츠로 만들 수 있을까? 일본에 가면 꼭 들르는 곳곳의 깃사텐(일본의 옛날식 다방)을 소개할 만한 아주 작고 얇은 책을 만들어 볼까? 뭔가 떠오를 듯 말 듯할 때 휴대폰의 메모 앱을 켜고 완벽한 문장이나 완전한 기획이 되지 않아도 일단 써 둡니다. 지금 당장은 구체적인 그림이 그려지지 않더라도 문득 다시 읽었을 때 좋은 기획이 되는 경우가 많으니까요.

앞에서 언급한 아이디어 중에는 책이 된 것도, 유료 콘텐츠를 판매하는 온라인 플랫폼에 게재된 것도 있습니다. 온라인 글쓰기 플랫폼에 글 몇 개만 쓴 채 내버려 둔 아이디어도 있죠. 아, 무엇보다 중요한 건 머릿속으로만 실컷 굴려 본 다음 아직 세상에 나오지조차 못한 아이디어도 있다는 사실입니다. 실은 그게 가장 많을 겁니다. 모든 기획은 머릿속에 있을 때가 가장 재미있고, 그것을 밖으로 끄집어내기 위해서는 여러 산을 반드시 넘어야 하거든요.

이런 습관은 온라인 잡지에서 기자로 일하며 길러졌습니다. 엔터테인먼트 분야를 주로 다루는 매체에 신입 기자로 막 입사했을 때, 초반 여섯 달 정도는 어떤 아이디어를 골라 어떻게 기획을 해야 할지 몰라 회의를 할 때마다 헤맸던 것 같아요. 제가 일했던 매체는 기사의 형식을 비교적 유연하게 시도해 볼 수 있는 곳이었는데, 아직 감을 잡지 못한 신입 기자로서는 그 '제한 없음'이 오히려 더 어렵게 느껴졌죠. 유명한 책을 패러디

해 기사를 쓰거나, 가상 소설을 쓰는 등 주제에 꼭 맞는 형식을 떠올리고 기획을 해내는 선배들을 보면서 매일 좌절했습니다. 어쨌든 기획은 해야 하니 당시에도 아이디어를 머릿속에서 굴리기는 했지만 지금 '굴린다'라고 말하는 것과는 의미가 전혀 달랐습니다. 나름의 기획법이나 적절한 참고자료 없이 그야말로 고민만 했던 것이죠. "생각나는 대로 기획해 보는 걸 좋아한다"라고 말하는 지금의 저를 그때의 제가 본다면 '네가?'라고 반문하며 말도 안 되는 소리는 하지도 말라고 비웃을지도 모르겠네요.

무언가를 기획한다는 것은 결국 그 무언가에 대한 주도권을 내가 갖게 된다는 뜻입니다. 콘텐츠 기획도 마찬가지겠지요. 전전긍긍하며 키워드에 끌려다니는 게 아니라, 내가 **이 콘텐츠를 기획하는 목적, 이 콘텐츠가 지금 세상에 나와야 하는 이유, 다루고자 하는 주제의 핵심을 가장 잘 살릴 수 있는 형식을 내가 명확하게 파악하고 처음부터 끝까지 끌고 나가야 한다는** 이야기입니다.

그렇다면 '콘텐츠'의 정의를 먼저 짚고 넘어가야겠지요. 요즘 이야깃거리가 많은 사람을 가리켜 절반쯤은 농담으로 '콘텐츠가 많다'라고 말하고는 합니다. 하지만 이 책에서 '콘텐츠'는 가공되지 않은 상태의 내용물이 아니라, 누군가 분명한 목적을 가지고 정제된 형태로 만들어 낸 것을 뜻합니다. 어떤 방식으로든 내 콘텐츠를 만들고 싶은 사람, 무언가를 기획하는 데 제대로 주도권을 발휘하고 싶은 사람, 좋아하는 게 너무 많아서 하나만 고르기 어려운 사람, 뭔가를 만들고 싶기는 한데 어디서부터 시작해야 할지 아직 감이 잡히지 않는 사람, 콘텐츠를 만드는 데 필요한 과정만큼이나 태도에 관해서도 고민해 보고 싶은 사람이라면 이 책에 꼭 알맞은 독자입니다.

이 책의 바탕은 2018년 봄부터 가을까지 사적인서점에서 진행했던 "나의 사적인 잡지 만들기" 워크숍입니다. 저의 첫 책『아무튼, 잡지』에서 "돌이켜 보니 이런 잡다함과 산만함이야말로 생활에서도 일에서도 스스로를 지탱하는 동력이었던 것 같다. (……) 한 가지만 파고드는 덕후도, 최대한 얇고 넓게 파고드는 멀티플레이어도 아닌 어정쩡한 상태로 용케 여기까지 왔다. 도대체 나는 왜 이 모양일까 시무룩해지다가도, 나 자신이 결국 한 권의 잡지 같은 사람이라고 생각하면 기분이 좀 나아진다"라는 문장을 발견해 준 정지혜 북디렉터 덕분에 시작한 일이었습니다.

'잡지를 읽는 사람도 많지 않은데 과연 잡지 만드는

법을 궁금해할까?' 걱정했던 마음은 일주일에 하루, 5주라는 짧지 않은 시간 동안 사적인서점에 모여 준 분들 덕분에 빠르게 사라졌습니다. 대단히 두껍고 거창한 한 권의 잡지가 아니더라도 내 콘텐츠를 잘 다듬어 볼 수 있겠다는 용기, 나의 기획이 괜찮은지 아닌지 가늠할 기준을 알게 됐다는 자신감. 워크숍에서 그런 걸 얻어 간다고 이야기해 준 분들 덕분에 저 역시 저의 경험을 다른 사람과 조금 더 나눠 봐도 괜찮다고 생각하게 됐습니다. 비슷한 이유로, 일하는 밀레니얼 여성을 위한 커뮤니티 서비스 '빌라선샤인'의 "콘텐츠 기획" 프로그램에 함께해 준 분들께도 깊이 감사드립니다.

콘텐츠는 어느 날 갑자기 섬광처럼 번뜩 떠오른 아이디어로 기획할 수 있는 게 아닙니다. 번뜩 떠오른 것처럼 느껴진다 해도, 잘 들여다보면 그 아래에는 지금껏 쌓아 온 맥락이 있기 마련입니다. 콘텐츠 기획은 쉬운 일이 아니지만 어려운 일도 아니고, 연습을 통해 더 잘 해낼 수 있는 일입니다.

내가 좋아하는 것, 내가 하고 싶은 이야기 속에서 의미 있고 재미있는 것을 잘 골라내어, 머릿속에서 두 손에서 이리저리 굴려 보는 과정을 즐기는 분이 많아지면 좋겠습니다. 흘러가는 아이디어를 그냥 흘러가게 두지 않고 잘 붙잡을 수 있게 되기를, '이게 될까?'에서 '이렇게도 되네!'로 바뀌는 순간의 즐거움을 느끼게 되기를 바랍니다.

이 책을 읽은 분이 기획에서 멈추지 않고 그 기획을 바탕 삼아 한 편의 글을 쓰고, 더 나아가 한 권의 책을, 잡지를, 팟캐스트를 만들게 된다면 좋겠습니다. 그리고 제가 그랬듯 그분이 어딘가에서 자신의 경험과 노하우를 나눠 주게 된다면 더할 나위 없이 기쁘겠습니다. 콘텐츠를 기획하는 방법에는 정답이 없고, 모든 노하우는 이전의 노하우를 배우고 깨뜨리는 과정에서 더 단단해지기 마련이니까요.

1

{ '왜?'를 가장 먼저 생각하자 }

주변에서 이런 질문을 많이 받습니다. '잡지를 만들고 싶은데, 어떻게 하면 될까요?', '팟캐스트를 하고 싶어요. 어디서부터 시작하면 되죠?', '다들 유튜브 유튜브 하니까 저도 해야 할 것 같은데, 뭘 해야 하나요?' 그럴 때 '그걸 왜 만들려고요?'라고 거꾸로 물어보면, 이런 답변이 돌아오는 경우가 많습니다. '음, 그건 아직 생각 안 해 봤어요.'

  잠깐, 처음부터 생각해 봅시다. 잡지나 팟캐스트, 유튜브는 일종의 그릇(매체)일 뿐입니다. 그보다 먼저 그 그릇에 담을 내용물을 고민해야 하고, 더 근본적으로는 왜 이것을 만들려고 하는지 혹은 왜 만들고 싶은지 고려해야 합니다. 만약 매체를 먼저 결정하고 싶다면 그 또한 왜 그 매체여야 하는지, 어떤 목적으로 잡지나 팟캐스트, 유튜브라는 매체를 선택하려고 하는지 생각해야겠죠.

얼마 전 동료와 이야기를 하다가 "효진 씨는 제가 본 중 제일 '왜?'라는 질문을 많이 하는 사람이에요"라는 말을 들었습니다. 마침 회사에서도 비슷한 얘기를 들었기 때문에 저도 수긍할 수밖에 없었습니다. 어째서 '왜?'라는 질문을 달고 사는지 저 역시 알고 있습니다. 저는 어떤 일을 할 때 이걸 왜 하는지, 이것의 목적이 무엇인지 파악하지 못하거나 알아도 거기에 수긍하지 못하면 아예 일을 시작할 수 없어요. '왜?'라는 질문에 명확한 언어로 답변을 내놓을 수 없으면, 그건 저에게 어딘가 잘못된 일, 애초에 시작될 수 없는 일인 거죠.

콘텐츠를 만드는 일도 똑같습니다. **왜 이 콘텐츠를 만들까요? 다시 말해서, 이 콘텐츠를 만드는 목적은 무엇인가요? 모든 콘텐츠 기획은 여기서 출발해야 합니다.** '왜'를 찾지 못한 채 '그냥 만드니까 만드는 거지' 하고 시작했다가는 엉뚱한 길로 빠져서 '이게 아닌데'라는 생각만 실컷 하다가 끝내게 될 수도 있습니다. 분명한 목적이라는 튼튼한 줄기가 있으면, 필요한 내용물을 거기에 맞취 기획하는 것은 생각보다 어렵지 않습니다. 목적을 정하는 일은 콘텐츠 기획의 방향을 잡는 일과도 같은 셈입니다.

　콘텐츠를 만드는 목적은 다양할 겁니다. 뉴스레터를 예로 들어 볼게요. 저는 한 호텔의 뉴스레터를 구독하고 있습니다. 정확히 어느 요일마다 이 뉴스레터가 발송되는지 제대로 기억하지 못하지만, 메일함에서 눈에 띄면 아주 가끔 읽어요. 가장 마지막으로 읽은 때는 몇 달 전이었던 것 같습니다. 소위 말하는 '힙'하고 세련된 이미지를 내세우는 그 호텔의 뉴스레터에는 B급 유머에 가까운 사진과 행사 소식, 해당 호텔에 어떤 흥미도 느끼기 어려운 콘텐츠가 가득했습니다. 왜 이 뉴스레터를 만드는지, 이 뉴스레터 안에서 자기 브랜드가 어떤 방식으로 드러나야 하는지 전혀 이해하지 못한 것 같았어요.

　회사에서 어떤 이미지와 어떤 특징을 가지고 있는지 보여 주는 브랜딩 자체도 중요하지만, 눈에 보이는 콘텐츠는 그 브랜드를 구체적으로 표현하는 수단, 고객과 브랜드를 더 가깝게 만들어 주는 도구가 되기도 합니다. 그렇다면 한 회사에서 제작하는 콘텐츠의 목적은 브랜드의 이미지를 상기시키고, 브랜드를 홍보하는 것이겠지요. 당연히 콘텐츠도 이 목적에 맞게 기획돼야 할 거고요. 해당 브랜드에 관한 소식을 싣고, 그 브랜드를 좋아할 거라고 생각되는 사람의 라이프스타일에 맞는 콘텐츠를 만든다면 읽는 이에게도 효과적으로 전달되지 않을까요.

만약 영화 잡지를 만든다면 무엇을 목적으로 잡아야 할까요? 영화 업계 소식을 가장 빠르게 전달하는 잡지를 만들 것인지, 진지한 영화 평론을 보여 줄 것인지, 아니면 다양한 작품을 2차 창작하듯 가지고 노는 매체를 만들 것인지 고민해 봐야 합니다. 이 모든 기획이 하나의 콘텐츠 안에서 공존할 수 없는 건 아니지만, 또렷한 콘텐츠를 만들기 위해서는 중심이 될 목적 또한 분명해야 할 테니까요.

어떤 콘텐츠를 만들고 싶나요? 왜 그 콘텐츠를 만들려고 하나요? 우선 목적을 한 문장으로 써 보세요. 기획자이자 첫 독자 또는 소비자가 될 자신을 먼저 설득하는 작업입니다.

그런데 이 목적은 '무엇에 관한 콘텐츠를 어떻게 만들 것인가'와 연결되어 있습니다. 목적이 잘 떠오르지 않는다는 말은 콘텐츠의 소재나 주제, 접근법 역시 흐릿한 상태라는 뜻이기도 하죠.

저는 블로그를 하고 있습니다. 1년 전, 동료와 프로젝트팀으로 일하며 번갈아 글을 올릴 겸 틈틈이 개인 글도 올릴 겸 만들었지만 안타깝게도 업데이트는 그다지 활발하지 않아요. 저는 이 블로그에 개인적으로 몇 개의 카테고리를 만들었습니다. 하나는 '산 책 읽은 책 구경한 책'으로 그야말로 사거나 읽거나 구경만 한 책에 대해 간단한 리뷰를 써 보는 코너입니다. 또 하나는 'My Favorite Things'으로 제가 좋아하는 사소한 것에 관해 쓰는 아주 짧은 에세이 코너예요. 나머지 두 개는 어느 카테고리에도 넣기 어려운 잡다한 글을 담는 '잡문집'과 한창 달리기를 열심히 할 때 만든 '달리면서 생각한 것들'입니다. 이 두 카테고리에는 각각 한 편의 글과 0편의 글이 담겨 있습니다. 카테고리를 만든 게 무색하죠.

이 카테고리는 제 나름대로 기획을 한다고 한 결과물이지만, 실은 제대로 된 기획이라고 보기 어렵습니다. 기획이라기보다 '내가 만들고 싶은 콘텐츠'의 아이디어를 떠올리고, 그 결과를 바로 블로그로 옮긴 것에 가깝습니다. 어떤 형식으로, 어떤 이야기를, 어떤 주기로 써서 올릴지 제대로 정하지 않은 채 재미있을 것 같아서 우선 카테고리부터 만든 셈입니다. 제가 잘 다룰 수 있는 소재인지 아닌지도 깊이 고민하지 않았고요. 달리 말해 보자면, 제 머릿속에 막연하게 있던 아이디어를 밖으로 끄집어낸 것에 지나지 않습니다.

아이러니하지만 이것은 기획에서 꼭 필요한 기본 과정이기도 합니다. 여기서 포인트는 '막연하게 있던'입니다. 머릿속에, 또 마음속에 콘텐츠로 만들어 보고 싶은 뭔가가 있다고 생각해도 막상 실제로 무언가를 만들려고 하면 그 막연함이 정말 막연함에서 끝나는 경우가 많아요. **머릿속에 뿌옇게 존재하는 콘텐츠의 씨앗을 우선 발견하고 발굴하려면 내 안에 뭐가 들어 있는지 눈에 보이는 형태로 일단 꺼내 보는 과정이 반드시 필요합니다.** 뭔가 있는 것 같기는 한데 막연하다는 건, 그 '무엇'이 무엇인지 자세히 들여다보지 않았다는 말일 테니까요.

어떤 주제로 무엇을 만들고 싶은지 이미 명확하게 알고 있는 분도 많을 거예요. 그런 분 역시 이 과정을 한 번쯤 겪어 보시기를 권하고 싶습니다. 그래야 내가 만들고 싶다고 구상하고 있는 콘텐츠와 내가 정말로 잘 맞는지, 나의 강점과 약점은 무엇인지 조금 더 분명하게 파악할 수 있습니다.

2
{ **내 안에서 콘텐츠의 씨앗 찾기** }

예전에 제가 함께 일했던 선배들이 회의 시간에 이런 말을 했습니다. "기사 아이템을 너무 많이 고민하지 말고 일단 떠오르는 걸 다 던져 봐!" 저는 속으로 중얼거렸죠. '아니, 이런 이상한 아이템을 어떻게 그냥 막 던지냐고요. 선배들은 그냥 막 던져도 좋은 아이템이 나오겠지만 저는 아니라고요.'

이제는 '막 던지는' 과정이 없으면 좋은 기획이 나올 수 없다는 사실을 알고 있어요. **대체로 우리의 머릿속에는 너무나 엄격한 관리자가 한 명씩 살고 있어서, 어떤 아이디어를 떠올렸다가도 '아니야, 이건 아닌 것 같아' 하고 너무 쉽게 폐기해 버리는 경향이 있습니다.** 그러다 보면 콘텐츠가 될 만한 씨앗을 단 하나도 발견하지 못하는 불상사가 생길지도 모릅니다. 좋은 아이디어를 걸러 내는 작업은 나중에 해도 되니, 우선은 전부 써 보세요.

먼저, 떠오르는 아이디어를 자기검열하지 말고 자유롭게 다 글로 써 봅니다. 내 안에 뭐가 있는지 탈탈 털어 보는 겁니다. 아무것도 없는 수첩, 노트, 혹은 A4 용지에 떠오르는 단어를 줄줄 써 내려가 보세요. 포스트잇을 사용해도 좋아요. 한 장의 포스트잇에 하나의 단어를 쓰세요. 평소에 관심을 두고 있던 단어가 가장 먼저 딸려 나오겠지요. 기자로 일할 때 저도 아이디어 회의를 앞두고 기획안을 작성하면서 이 방법을 사용했습니다. 이 단어가 최종적으로 기획이 될지, 어떤 방향으로 확장될지 잘 모르겠지만 우선 써 보는 거죠. 이를테면 박나래, 여성 예능인, 일러스트레이터가 만든 달력, 겨울에 여행 가기 좋은 곳. (이 단어들은 지금 떠오르는 단어를 그냥 나열한 것일 뿐 특별한 의미는 없습니다.) 제가 만난 분들은 이런 단어를 썼습니다. 책, 영화, 케이팝K-pop, 라이프스타일, 채식, 여행, 도시, 카페, 책방, 서울, 여성 연예인, 바이크, 한국 소설가. 만약 이 정도도 떠오르지 않는다면 각자의 휴대폰 사진 앱과 소셜네트워크서비스SNS 계정(사진첩과 즐겨찾기 해 둔 게시물 등),

메모장, 다이어리 등을 훑어봅니다.

단어가 몇 개나 나왔나요? 그동안 스스로 의식하지 못했지만 내 안에 숨어 있던 콘텐츠의 씨앗도 있나요? 그중 내가 발전시켜 볼 만한 것은 뭐가 있던가요? 이런 질문에 아직 답하지 못해도 괜찮습니다. 내가 무엇을 갖고 있는지 선명하게 파악한 것만으로도 기본 스텝을 잘 밟은 것입니다.

떠오르는 단어를 있는 대로 다 꺼내 놨다면, 그중 하나를 골라낼 차례입니다. 이것도 좋고 저것도 좋을 것 같아서 무엇을 선택해야 할지 헷갈릴 때는 마인드맵을 활용해 보세요. 마인드맵은 하나의 단어에서 출발해 그 단어와 관련 있는 수많은 단어 혹은 문장으로 생각이 뻗어 나가도록 돕는 그림 도구로, 저처럼 어릴 때 잠깐 배웠던 분도 있을 거라고 생각합니다. 마인드맵 관련 강좌나 책이 많이 나와 있는 걸 보면 그리는 데에 정확한 방식이 존재하는 것 같지만, 여기서는 편하게 가겠습니다. 저 역시 원칙을 지켜 마인드맵을 그리기보다 키워드를 확장하고 또 쪼개는 방식으로 내키는 대로 사용하는 편입니다.

하나의 키워드를 고르는 데 응용해 볼까요. '아이디어'라는 단어를 가운데 놓고, 떠올라서 마구 적어 뒀던 단어를 사방에 배치한 후 각각의 단어에서 최대한 가지를 뻗어 나가 봅니다. 그러다 보면 유난히 가지가 많은 단어를 발견할 수 있을 거예요. 그건 내가 그 단어와 관련된 아이디어를 특히 더 많이 가지고 있다는 이야기고, 곧 내가 만들 콘텐츠의 테마로 그 단어가 가장 적합하다는 뜻이기도 합니다.

이렇게 키워드를 고른 후에는 본격적으로 세분화하는 작업이 필요합니다. 저는 이게 콘텐츠 기획 과정에서 제일 중요한 단계라고 생각합니다. 콘텐츠 기획은 이 과정을 작게 혹은 넓게 반복하는 일이거든요. 이해하기 쉽도록 또 한 번 '책'이라는 키워드를 불러오겠습니다. 빈 종이의 가운데 '책'이라는 글자를 써넣습니다. 그리고 가지 뻗어 나가기를 시작합니다. 이때는 '나'를 중심에 두고 가지를 그려 나가는 게 아니라, 키워드를 중심에 두고 거기서 확장하거나 쪼갤 수 있는 것을 떠오르는 대로 씁니다. 저는 이렇게 해 보려고요. '책'에서 리뷰, 에세이, 인터뷰라는 단어로 우선 가지를 만들었습니다. 그 다음 '리뷰'는 다시 에세이성 리뷰, 두 사람이 같은 책을 보고 쓰는 리뷰, 책을 읽지 않고 쓰는 리뷰로 나누고, '에세이'는 책을 살 때의 기분과 책을 산 장소, 상황 등에 관해 쓰는 에세이, 누군가에게 책을 추천한다고 가정하고

- 에세이성 리뷰
- 두 사람이 같은 책을 보고
  쓰는 리뷰
- 책을 읽지 않고 쓰는 리뷰

- 책을 살 때의 기분과
  책을 산 장소, 상황 등에
  관해 쓰는 에세이
- 누군가에게 책을
  추천한다고 가정하고
  편지처럼 쓰는 에세이

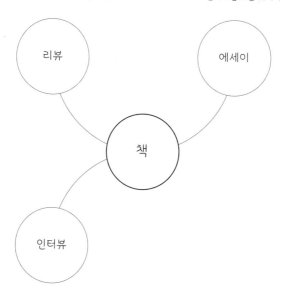

- 서점을 운영하는 사람
- 책을 만드는 사람
- 책을 읽는 사람
- 내가 누군가에게 책을 선물하고
  그 사람과 나눈 인터뷰
- 책 속 인물과 나눈 가상 인터뷰

편지처럼 쓰는 에세이로 가지를 쳤으며, '인터뷰'는 서점을 운영하는 사람, 책을 만드는 사람, 책을 읽는 사람, 내가 누군가에게 책을 선물하고 그 사람과 나눈 인터뷰, 책 속 인물과 나눈 가상 인터뷰 등으로 확장했어요. 이런 식으로 단어를 더 이상 쪼갤 수 없을 때까지 가지를 쭉쭉 늘려 나가 보세요. 그렇게 다양한 방향으로 뻗어 나간 가지를 찬찬히 살펴보며, 내가 만들 콘텐츠의 구체적인 기획을 결정하면 됩니다.

여기서 끝이 아닙니다. 이제 이 가지 속에서 내가 할 수 있는 것과 할 수 없는 것, 다른 사람도 관심 있을 만한 것과 관심 없을 만한 것을 골라내 볼까요? 이 기준을 각각 가로축, 세로축으로 잡고 사분면을 그린 뒤 각각의 면에 해당하는 단어를 정리해도 좋습니다.

2014년에 저는 일하던 매체에서 "고양이즘"이라는 제목의 특집 기사를 동료들과 함께 기획했습니다. 제목으로 알 수 있듯 고양이에 관한 기사였어요. 당시 고양이가 반려동물로서, 또 인터넷 '밈'으로서도 인기를 끌기 시작했던 시기라 기사로 다뤄 볼 만하다고 판단했습니다. 다만 '고양이'라는 키워드가 워낙 방대하다 보니 어디서부터 어디까지 이야기해야 할지 고민이 되기도 했어요.

그래서 마인드맵을 그렸습니다. '고양이'라는 키워드를 쓰고, 생각나는 대로 'SNS에서 유명한 고양이', '우리 집 고양이'(저는 실제로 고양이를 두 마리 키우고 있습니다), '일반적인 고양이', '콘텐츠 속 고양이'라고 가지를 뻗었어요. 각 키워드별로는 또 한 번 이렇게 확장했습니다. 'SNS에서 유명한 고양이'—고양이 사진, 고양이 '집사' 인터뷰, '우리 집 고양이'—고양이 사진, 고양이와 나의 동거 에세이, '일반적인 고양이'—고양이에 대한 정보, 고양이 관련 상품, '콘텐츠 속 고양이'—고양이가 나오는 책, 고양이가 나오는 영화. 얼핏 다 재미있는 기사가 될 것 같지만, 시간이나 능력의 제약으로 모든 것을 다룰 수는 없지요.

이 중에서 저나 동료들이 할 수 없거나 할 필요가 없는 것을 제외합니다. 콘텐츠 속 고양이는 별로 재미가 없을 것 같아서 제외, 고양이에 대한 정보는 제가 전문가보다 더 잘 설명할 수 없을 것 같아서 제외, SNS에서 유명한 고양이는 이미 여러 잡지를 통해 소개된 적이 있기 때문에 제외, 우리 집 고양이는 너무 사적인 이야기가 될 것 같아서 제외했습니다.

마인드맵으로 떠올린 아이디어는 전부 탈락했지만, 몇 가지를 조합해서 아예 다른 것을 떠올릴 수도 있

- 고양이 사진
- 고양이와 나의 동거 에세이

- 고양이가 나오는 책
- 고양이가 나오는 영화

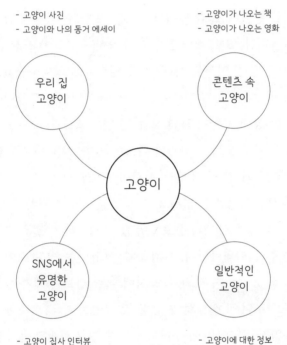

우리 집
고양이

콘텐츠 속
고양이

고양이

SNS에서
유명한
고양이

일반적인
고양이

- 고양이 집사 인터뷰
- 고양이 사진

- 고양이에 대한 정보
- 고양이 관련 상품

습니다. 이때 다시 콘텐츠, 즉 기사의 '목적'을 고민해 봅니다. 고양이에 대한 풍부한 정보를 줄 수도, 유명한 고양이를 보여 줄 수도 없다면 이 기사의 목적은 무엇일까? 나 혹은 매체가 고양이의 핵심이라고 생각하는 것은 뭘까? 이 질문에 저희는 '고양이의 귀여움과 캐릭터를 최대한 잘 보여 주는 것이 이번 기사의 목적'이라는 결론을 내렸고, 그래서 거기에 맞는 아이디어를 선택했어요.

어떤 사람이든 집사로 만드는 고양이의 매력을 보여 주기 위해 고양이를 처음 키우게 됐을 때 반려인이 겪는 일에 관한 에세이를 약간의 허구를 곁들여 쓰고, 고양이를 키우는 주변 사람에게 고양이 사진을 받아 싣고, 자의식이 강한 것처럼 보이는 고양이의 캐릭터를 활용해 이미지로 가상의 '캣스타그램'을 만들었습니다. 할 수 없는 것을 무리해서 다루지 않은 덕분에 뻔하지 않은, 전혀 다른 방향의 콘텐츠를 기획할 수 있게 된 것이지요.

단어를 쪼개고 확장해 보는 일, 그 과정에서 내가 할 수 있는 것과 할 수 없는 것을 고민하고 구분해 보는 일. 이는 단순히 어떤 아이디어를 포기하고 선택하느냐의 문제일 뿐 아니라, 콘텐츠를 기획하고 만드는 사람으로서 나의 비교 우위를 찾는 데도 도움이 됩니다. 아이디어를 실컷 떠올린 다음 '이건 내가 할 수 없는 건데'라고 생각하며 지레 겁먹고 포기하라는 뜻이 아니라, 기획을 실행하는 데 나의 장점과 단점을 조금 더 명확하게 따져볼 시간을 확보해야 한다는 의미입니다. 나의 관심사와 능력의 가용 범위를 정확히 파악하고, 콘텐츠의 목적을 다시 한 번 고민하는 계기가 되니까요.

가끔 이런 질문을 들어요. 'ㅇㅇㅇ에 관한 콘텐츠를 만들어 보고 싶은데, 저는 전문가가 아니거든요. 그런데도 콘텐츠를 만들 수 있을까요?' 당연히 만들 수 있습니다. 오히려 전문가가 아니기 때문에 만들 수 있는 콘텐츠가 있을 거예요. 정보와 지식을 정리해서 전달하는 일은 더 잘하는 사람이 하게 두면 됩니다. 우리는 우회로를 찾는 과정에서 더 재미있는 기획을 발굴해 봐요.

나만이 할 수 있는 이야기를 찾아서 좁히는 것, 거기서 콘텐츠의 고유한 재미가 비롯됩니다.

3
{ 기획은 처음부터 끝까지다 }

기자가 되고 얼마 지나지 않았을 때, 선배와 기획 회의를 하게 됐습니다. 완전히 신입이었던 제게 처음으로 기사를 기획할 기회가 주어진 거였죠. 당시 아주 큰 인기를 끌고 있던 두 예능 프로그램을 연출하는 두 명의 프로듀서PD를 소재로 총 세 꼭지짜리 기사를 만들어야 했어요. 어떤 기사가 재미있을까 회의를 하던 중, 아니 솔직히 말하면 저는 그냥 함께 앉아 회의하는 기분을 내며 고개만 끄덕이던 중 선배가 물었습니다.

"두 사람의 캐릭터와 연출 스타일을 가상 기사로 풀어 보면 어때? 둘이 같은 프로그램을 연출한다고 치고, 가상으로 그 상황을 묘사해 보는 거야. 어떨 것 같아?"

아무것도 모르는 저에게 의견을 물어봐 준 선배가 너무 고맙고, 너무 기쁜 나머지 앞뒤 생각하지 않고 저는 빠르게 대답했습니다.

"너무 좋은데요? 진짜 재미있을 것 같아요!"

"그래? 그럼 한번 써 볼래? 쓸 수 있겠어?"

"네, 써 볼게요!"

선배와 기획 회의를 했다는 것만으로도 신나는데, 기사까지 배당받게 된 저는 더 신이 났습니다. 무엇을 다룰지 정했으니까, 쓰는 건 그냥 시간문제라고 생각했죠(물론 원고를 쓰는 것 또한 단순히 시간문제가 아님을, 저는 곧 알게 됩니다). 그러나 저에게 주어진 닷새 정도의 마감 기간 동안 저는 기사를 쓰느라 거의 끙끙 앓았고, 심지어 마감 전날은 밤까지 새웠지만 글을 제대로 완성하지 못했어요. 가상으로 두 PD의 캐릭터를 잘 살리지도 못한 데다 읽는 재미가 있는 글도 아니었거든요. 결국 자기 몫의 기사를 쓰느라 저와 똑같이 밤을 새운 선배가 제 기사를 처음부터 끝까지 수정해 줘야 했습니다. 그때 처음으로 기획이란, 그리고 기획을 구체화해서 콘텐츠를 만들어 내는 일이란 그렇게 쉬운 게 아니라는 걸 알게 됐던 것 같아요.

만약 제가 제대로 기획을 하려고 했다면 선배와 어

떤 대화를 나눠야 했을까요? 아마 이런 것을 더 구체적으로 물어보고, 스스로 더 고민해야 했을 겁니다. 이 기사를 쓰는 목적이 뭔가요? 그중에서도 두 PD의 연출 스타일을 비교해야 하는 이유는요? 그들의 캐릭터를 보여줄 다른 형식은 없을까요? 어떤 분위기의 문장으로 쓰면 좋을까요? 무엇보다, 지금의 제가 이 '가상 기사'라는 기획을 잘 해낼 수 있는 상태일까요?

하지만 기획이 뭔지 몰랐던 저는 이런 질문을 누구에게도, 심지어 저 자신에게조차 던지지 않은 채 자신만만하게 할 수 있다고 대답했던 것이죠.

물론 모두가 저처럼 매체에서 일하며 콘텐츠를 기획하지는 않을 거예요. 특히 이 책을 읽고 계신 분이라면 대부분 혼자 콘텐츠를 기획할 가능성이 높다고 생각합니다. 저처럼 기획을 잘못하거나 대충했다고 발을 동동 구르게 될 가능성이 낮다는 이야기이기도 하죠.

기자 시절의 경험을 바탕으로 제가 하고 싶은 말은 기획이란 결국, 처음부터 끝까지라는 것입니다. 신입 기자이던 제가 그랬듯, '콘텐츠 기획＝키워드를 뽑는 수준의 아이디어'라고 생각하시는 분이 꽤 있는 것 같아요. 그렇지만 그것은 기획의 시작일 뿐 기획의 전부가 될 수 없습니다. 예를 들어 '책에 대한 콘텐츠를 만들겠어'가 기획은 아니라는 말이에요. 이 콘텐츠를 만드는 목적, 콘텐츠의 주제, 분량, 분위기, 형식, 플랫폼 등등을 모두 고려하는 것이 기획입니다.

책을 주제로 만드는 콘텐츠 이야기를 조금 더 자세히 해 볼까요? 만약 책 리뷰 콘텐츠를 만들고 싶다면 작가별, 장르별, 주제별 등 어떤 기준으로 책을 고를 것인지, 한 번에 몇 권을 다룰 것인지, 어떤 매체를 통해 책을 리뷰할 것인지 등의 내용이 모두 기획에 포함돼야 합니다. 그리고 중간중간 '내가 이 기획으로 콘텐츠를 만든다면?'이라는 생각을 하며 시뮬레이션을 해 보는 거예요.

'이 많은 걸 어떻게 다 생각하고 콘텐츠를 만드나요? 저는 바로 시작하고 싶은데요!' 이렇게 생각하시는 분이 있다면, 구체적인 기획 없이 시작하셔도 된다고 말씀드리고 싶습니다. 기획하는 기간이 너무 길어지면 결국 실행이 늦어진다는 말도 맞거든요. 이것저것 너무 오랫동안, 꼼꼼하게 고민하다 보면 겁이 나서 정작 시작을 못 하게 될 때도 있으니까요. 여기에 더해, 미리 기획을 촘촘하게 짜 놨어도 실제로 콘텐츠를 만들기 시작하면 당초의 계획을 수정해야 하는 경우도 무수히 생깁니다. 해 보지 않고 머릿속으로만 시뮬레이션하는 것과 직접 만들면서 경험하는 부분은 또 다르거든요.

그런데 기획을 초기에 잘 잡아 두면, 콘텐츠를 만들면서 언제든 참고할 기준이 생깁니다. 내가 어느 방향으로 가고 있는지, 잘 가고 있는 게 맞는지 중간중간 점검할 수 있는 '기댈 구석' 같은 게 생기는 거예요. 내가 경로를 먼저 설정해 두고 이 경로에 이상은 없는지 점검하며 콘텐츠를 만드는 것과 어디로 가는지 모른 채 일단 출발한 다음 갈팡질팡하는 건 다를 수밖에 없습니다. 전자여야 시행착오도 경험치로 남을 수 있어요. 『일 잘하는 사람은 단순하게 합니다』라는 책에는 기획에 대한 이런 정의가 나옵니다.

기획은, 문제가 되는 비루한 현실과 열망하는 기대 사이의 간격을 줄여 주기 위해 많은 사람이 고안해 낸 생각 방식입니다. 문제에 휘둘리지 않고 계획에 따라 대처하려는 눈물겨운 노력이죠.

저는 이 말을 아주 좋아합니다. 우리가 기획을 왜 하는지 무척 명료하게 설명해 주거든요. 이 정의를 콘텐츠 기획에 적용해 볼까요. **콘텐츠 기획이란 무언가를 만들고 싶지만 아직 아무것도 모르는 현재의 나와 내가 만들고 싶은**

이상적인 콘텐츠 사이의 간극을 줄이기 위한 기술입니다. 그렇다면 내가 어떤 것을 갖고 있는지, 무엇을 원하는지, 무엇을 잘 하는지 파악하고, 완성하고자 하는 콘텐츠의 꼴을 정확하게 설정하는 게 중요하겠죠.

그럼 이제 다음 단계로 넘어가 봅시다.

4
{ 콘텐츠에도 콘셉트와 캐릭터가 필요하다 }

겨울서점은 '책을 많이 읽은 사람이 책 이야기를 하는 곳'입니다. 처음 제가 선택한 위치는 책을 좀처럼 읽지 않는 일반인과 늘 책과 가까이 있는 다독가 사이의 어딘가였습니다. 책을 많이 읽었지만 어떤 분야를 전문적으로 알고 있지는 않은 사람이 책을 안내하는 곳입니다.

북튜버이자 작가인 김겨울의 『유튜브로 책 권하는 법』에는 유튜브 채널 『겨울서점』의 콘셉트를 어떻게 정했는지에 관해 이러한 설명이 등장합니다. 이번 장에서 제가 할 이야기를 무척 잘 보여 주는 예시인 것 같아 가지고 왔습니다.

대부분의 콘텐츠에는 콘셉트 혹은 캐릭터가 있어야 하고, 이것은 뚜렷할수록 좋습니다. 『겨울서점』의 콘셉트가 "책을 많이 읽은 사람이 책 이야기를 하는 곳"이라면, 『겨울서점』의 주인인 김겨울의 캐릭터는 "책을 많이 읽었지만 어떤 분야를 전문적으로 알고 있지는 않은 사람"이 되겠지요. 김겨울은 유튜브를 시작할 당시 유명인은 아니지만 다독가인 자신의 전문성을 설득하기 위해 책이 빽빽하게 꽂힌 책장을 영상의 배경으로 삼았고, 그 방법이 잘 맞아떨어진 것 같다고 쓰기도 했습니다.

실제로 『겨울서점』을 보면, 구독자가 책을 읽지 않아도 되게끔 책 내용을 요약하거나 책 내용으로 '낚시를 하는' 영상이 없습니다. 이 책을 김겨울이라는 사람이 어떻게 읽었고, 무엇이 좋고 아쉬웠는지 이야기하며 보는 사람으로 하여금 자연스럽게 해당 책에 관심을 갖게끔 만듭니다. 책을 좋아하는 사람, 여기에 더해 책을 아주 많이 읽지는 않지만 책 관련 물품에는 관심 있는 사람이 흥미를 가질 만한 '독서할 때 사용하는 물품 소개' 같은 내용도 아주 가끔 들어갑니다. 잘 만들어진 콘셉트와 캐릭터가 어떻게 좋은 콘텐츠로 이어지는지 제대로 보여 주는 일례입니다.

　그럼 콘셉트와 캐릭터는 어떻게 다른지 한 번 정리해 볼까요? 콘셉트란 콘텐츠의 전체 성격을 말합니다. 캐릭터는 그 콘셉트를 어떤 얼굴이나 태도 또는 어떤 관점으로 다룰지에 관한 것이죠. 콘텐츠를 기획하기 위해 마인드맵을 열심히 그리다 보면 저절로 캐릭터와 콘셉트가 잡히는 경우도 있고, 김겨울의 『겨울서점』처럼 캐릭터와 콘셉트가 이미 명확하게 잡혀 있어 그에 맞는 세부 내용을 기획하기만 하면 되는 경우도 있습니다. 대개 콘셉트와 캐릭터를 설정하는 일이 선행되기는 하지만, 반드시 그렇지는 않으니 뭐가 먼저라고 딱 잘라 설명하기는 어려워요. 중요한 건 콘셉트와 캐릭터와 세부 내용이 아주 밀접하게 연결되어야 좋은 기획이라는 사실입니다.

　'아니, 구체적인 주제가 결정되면 콘셉트도 저절로 정해지는 거 아닌가요?'라고 생각할 수도 있겠지만, 같은 주제도 다루는 사람의 캐릭터에 따라 얼마든지 달라질 수 있습니다. 콘텐츠의 전체적인 분위기까지 고려하면 더더욱 그렇고요. 가령 '서점 탐방기'라는 주제가 있다고 해 봅시다. 인테리어 전문가의 입장에서 서점을 탐방하며 각각의 공간이 어떤 방식으로 설계되어 있는지 뜯어볼 수도 있겠고, 책을 무척 좋아하는 다독가의 입장에서 각 서점이 어떤 식으로 서가를 구성했는지 볼 수도 있습니다. 아니면 그냥 서점 다니는 걸 좋아하는 사람의 입장에서 서점 운영자를 가볍게 인터뷰할 수도 있겠지요. 이때 '서점을 좋아하는 인테리어 전문가', '다독가', '서점 애호가'라는 것이 각각의 캐릭터가 되고, 이에 따라 기획은 천차만별로 달라집니다.

사실 캐릭터를 정하는 가장 일반적이고 쉬운 방법은 자신의 직업이나 전공 등을 활용하는 것입니다. 이를테면 지금 제가 이 책을 쓰고 있는 것 같은, 그런 방법이죠. 저는 이 책을 '다양한 방식으로 직접 콘텐츠를 만들어 본 콘텐츠 기획자'의 캐릭터로 쓰고 있습니다. 내게는 늘 해 오던 일이었으니 내 직업이 평범하게 느껴지겠지만, 다른 사람에게는 특수하게 느껴질 수 있고, 그것이 콘텐츠의 캐릭터가 될 때 더욱 힘을 발휘할 수 있습니다.

'편집자가 고른 문장.' 어떤가요? 그냥 '○○○이 고른 문장'이라는 말보다 훨씬 더 전문적으로 느껴지고, 숨어 있던 양질의 문장을 골라 줄 것처럼 여겨지지 않나요? '도시사회학을 전공하는 대학원생의 여행 이야기.' 감상만 펼쳐 놓는 여행 이야기가 아니라 도시를 다른 시각으로 볼 수 있게끔 잘 안내해 줄 것 같습니다. '북디자이너의 책 이야기.' 책 내용에 대한 감상 말고, 표지 디자인과 서체, 행간과 자간 등에 대해 아주 재미있는 설명을 들려줄 것 같은 느낌입니다. '여행을 좋아하는 약사의 여행 이야기.' 여행지에서 응급 상황이 벌어졌을 때 어떤 약을 찾아야 하는지 알려 주는 콘텐츠가 될 수 있겠죠.

한편 직업 또는 전공 등으로 드러나는 전문성과 관계없이 캐릭터를 만들 수도 있습니다. 열흘에 한 번, 자신이 보고 읽고 들은 것을 기록하는 "#ㅎ_ㅇ"라는 뉴스레터가 있어요. 이 뉴스레터의 발행인 서해인은 뉴스레터를 받아 보는 분들이 기대하고 예상하는 바를 오히려 미리 제한해 버리는 부분이 있다고 생각해서 직업과 소속을 밝히지 않고, '산만하게 콘텐츠를 좋아하는 사람'으로 캐릭터를 정했다고 합니다. 이 경우 직관적으로 파악할 수 있는 전문성을 내세우는 쪽보다 자신의 캐릭터를 독자에게 설득하는 데 조금 더 시간이 걸릴 것이고, 따라서 세부 내용 기획이 더 중요해지겠지요. 여담이지만 열흘 동안 발행인 자신이 보고 읽고 들은 것을 글머리에서 쭉 나열하며 시작하는 "#ㅎ_ㅇ"은 몇 번만 받아 봐도 그 캐릭터를 충분히 납득할 수 있습니다.

이는 크게 보면 취미나 취향을 기반으로 캐릭터를 설정할 수도 있다는 뜻입니다. 제가 워크숍에서 만난 어떤 분은 '바이크 타는 여자의 동네 탐방기'를 콘텐츠로 만들고 싶다고 말했어요. '바이크 타는 여자'라는 캐릭터 자체가 아직은 드물뿐더러, 바이크를 타고 갈 수 있는 거리가 도보로 가능한 거리보다는 길기도 하고, 바이크는 차보다 골목골목을 훨씬 잘 누빌 수 있으니 숨어 있는 장소를 많이 소개할 수 있을 것 같다고요. 이 정도 설명만 들어도 콘텐츠가 저절로 머릿속에 그려지면서 벌써 기대되지 않나요? 명확한 캐릭터는 콘텐츠를 기획할 때 절대적으로 참고할 수 있는 좋은 기준점이 됩니다.

실제 생활 속에서 우리는 '그 사람은 캐릭터가 없어' 혹은 '걔는 캐릭터가 강해' 같은 말을 하고는 합니다. 사람은 늘 복잡하기에 실존하는 누군가의 캐릭터가 명쾌하게 드러나지 않기도 하지만, 콘텐츠의 캐릭터는 내가 직접 뚜렷하게 만들 수 있다는 것, 뚜렷하게 드러날수록 좋다는 걸 기억합시다.

내 콘텐츠는 누가 보고 듣고 읽을까?

캐릭터와 콘셉트를 설정했다면 내 콘텐츠를 읽거나 보거나 들을 사람의 얼굴도 구체적으로 상상해 봅시다. 사실 콘텐츠의 캐릭터와 콘셉트를 설정하는 일이 반드시 먼저이고, 주요 소비자를 상상하는 일이 그다음이라고 말하기는 어렵습니다. 경우에 따라 달라질 수 있거든요. 한 개인의 관심사와 전문성에서 출발하는 콘텐츠는 보통 이 순서대로 기획되겠지만, 소비자가 어느 정도 특정되어 있고 그들을 대상으로 콘텐츠를 기획해야 하는 경우에는 소비자의 특성을 구체적으로 파악하는 일이 우선일 것입니다. 그렇다면 순서를 따지기보다 두 가지 작업이 아주 밀접하게 연결되어 있음을 이해하는 게 더욱 중요하다고 할 수 있겠네요.

콘텐츠는 그것을 읽거나 듣거나 볼 누군가의 존재를 상정하고 만들어집니다. 아무도 보지 않을 콘텐츠를 만들면서 이렇게까지 꼼꼼히 기획할 사람이 어딘가에는 있을지도 모르겠지만, 글쎄요, 저는 본 적이 없습니다. 우리는 우리의 소비자 또는 독자, 청취자, 구독자를 상세히 그려 보기로 합시다.

베스트셀러를 잘 만들기로 유명한 일본의 출판 편집자 미노와 고스케는 책 『미치지 않고서야』에서 이렇게 썼습니다.

대중이 열광하는 콘텐츠란, 골똘히 생각해 보면 특정한 어느 한 명에게 강력히 가닿는 콘텐츠다. '30대 영업사원을 위한 비즈니스 서적'처럼 대충 뭉뚱그려 잔재주를 부리는 마케팅으로는 책을 팔 수 없다. 어느 한 명의 영업사원이 점심으로 무엇을 먹는지, 닭튀김 정식인지, 편의점 도시락인지 철저하게 상상하지 않으면 한 사람의 인생을 변화시킬 책을 만들 수 없다. 극단적일 정도로 어느 한 개인을 위해 만든 것이 결과적으로 대중에게 퍼져 나간다. 사람들이 매일 무엇을 느끼는지 냄새 맡는 후각은 앞으로 이야기를 만드는 힘과 더불어 온갖 종류의 상품과 서비스를 만드는 데에 더욱 중요해질 것이다.

"극단적일 정도로 어느 한 개인을 위해 만든 것이 결과적으로 대중에게 퍼져 나간다"라는 말은 정말로 한 명만 만족하는 콘텐츠를 만들면 된다는 뜻이 아닙니다. 그만큼 대상을 명확하게 설정한다는 의미일 거예요. 대상이 명확해야 콘텐츠도 조금 더 수월하게 기획할 수 있을 테고요. 단 한 명에게 보내는 편지를 생각해 봅시다. 수신자가 선명하니 어떤 이야기를 써야 할지도 저절로 떠오르지 않나요?

내 콘텐츠를 적극적으로 접할 사람의 얼굴을 가능한 섬세하게 그려 봅시다. 서점에는 몇 번 정도 가는지, 어떤 책을 좋아하는지, 어떤 생활 습관을 가지고 있으며 어떤 일을 하는지 등등 상상할 영역은 무궁무진하겠죠. 또는 '이런 콘텐츠를 만들면 이 사람이 소비하지 않을까?'라고 주변의 특정한 누군가를 떠올려 보고, 거꾸로 그의 특성과 라이프스타일을 분석해 보는 방법도 가능할 것 같습니다.

소비자가 어떤 캐릭터일지 아주 구체적으로 상상해 보는 데 참고할 만한 좋은 참고자료가 있습니다. 일

본의 한 일러스트레이터가 쓴 『잡지의 인격』雜誌の人格이라는 책입니다. 아주 다양한 잡지의 캐릭터를 한 명의인간으로 상상해 보는 내용이에요. 이 책에서는 일본의패션 잡지 『논노』가 대표하는 캐릭터를 이렇게 묘사하고 있습니다.

- 직업: 대학 4년생
- 주소지: 도쿄 고마에시
- 가족 구성: 1인 생활(본가에는 할머니, 할아버지, 엄마, 아빠, 남동생)
- 휴일을 보내는 방법: 데이트
- 싫어하는 것: 술, 시끄러운 음악, 험한 말
- "자신 없음조차 고상하게 장점으로 전환할 수 있는힘을 가진, '여성성' 강한 인기녀"
- 같은 동아리 동급생과 데이트
- 눈 화장은 완벽하게
- 데이트할 때 옷은 『논노』를 참고
- 혼자 사는 집에 여자친구들이 모인다
- 트위터보다 페이스북을 선호하고, 블로그처럼 사용
- 대학 입학 후 남자친구는 세번째(모두 같은 동아리)
- 하지만 원래 인기가 있었던 것은 아니고, 고등학생

때는 남자친구가 없었다

『논노』는 20세 이후 여성을 위한 패션 잡지입니다. 여성 패션 잡지 중에서도 지명도로 치면 1, 2위를 다투고, 판매부수도 많습니다. 그 때문에 타이업 광고 기사(매체가 기업과 협업하여 자신의 스타일에 맞는 방식으로 제작한 광고)도 많고, 모델도 유명한 사람이 많은 편입니다. '『논노』에 나왔기 때문에 유명하다'라고 말할 수도 있겠죠. 『논노』의 패션 지향은 무난하게, 파스텔 톤이 많고, 강한 색을 쓰지 않는, 여자다움도 극히 평균적. 대충 정리하면 '특별히 두드러지는 스타일이 없다'라고도 말할 수 있겠습니다.

그런 지향보다도 주목할 것은 패션을 보여 주는 방식입니다. 지면에는 굉장히 많은 수의 아이템이 나열되어, 마치 제품 안내서 같습니다. 옷 한 벌을 여러 가지로 조합해서 입는 방식도 100종류를 시험하는 등 규모가 다릅니다.

'여성성', '여자다움' 등 성별에 관한 편견이 묻어 있는 설명은 마음에 들지 않는군요. 하지만 이 글을 읽으면서 잡지 『논노』의 느낌과 주요 독자를 아주 잘 상상할 수 있었습니다.

혹시 이 글에서 무언가 이상한 점을 눈치채셨나요? 그렇습니다. 우리는 지금 독자에 관한 이야기를 하고 있는데, 이 설명은 『논노』라는 잡지에서 드러내는 캐릭터에 관한 것이죠. 콘텐츠를 만드는 사람과 콘텐츠 소비자는 다르지만, 어떤 경우에는 부분적으로 겹치기도 합니다. 특히 잡지는 목표 독자의 라이프스타일을 적극적으로 기사에 반영하는 매체이고, 하이패션 잡지가 아니라 『논노』처럼 패션에 현실적인 조언을 제시하는 잡지라면 독자의 얼굴과 더더욱 닮을 수밖에 없을 거예요.

콘텐츠를 만드는 개인이 소비자에 대해 이 정도까지 상세하게 분석하고 상상할 필요는 없을지 모릅니다. 그렇지만 자세히 상상하면 할수록, 앞으로 콘텐츠를 기획하기가 훨씬 더 편할 겁니다. 그리고 해 보면 깨닫게 됩니다. 내 콘텐츠를 주로 접할 사람의 얼굴과 삶을 상상해 보는 일이 콘텐츠를 기획하고 만드는 데 가장 큰 동력이 된다는 사실을 말이죠.

6

{ 참고자료 찾기≠기획 베끼기 }

　사적인서점에서 잡지 만들기 워크숍을 했을 때, 제일 첫 시간에 저는 수강하시는 분들에게 '좋아하는 잡지를 하나씩 가져와 달라'고 부탁했습니다. 왜 그 잡지를 가져왔는지에 관한 이야기와 더불어 자신을 소개하고, 왜 이 워크숍에 왔는지도 말해 달라고 요청했어요. 수강생이 가져온 잡지 중에는 『어라운드』나 『컨셉진』이 가장 많았고, 중간중간 문예지 『릿터』나 브랜드에 관한 잡지인 『매거진 B』, 해외 잡지 『모노클』 등이 있었습니다. 어떤 분은 자신이 좋아하고 평소 즐겨 보는 잡지를 왜 좋아하는지, 특히 어떤 기사가 재미있었는지 아주 자세히 이야기했습니다. 반면 또 다른 분은 '사실 좋아하는 잡지가 따로 없고 평소에 잡지를 잘 읽지 않는다'라고 조금 쑥스러운듯 고백하기도 했습니다.

잡지를 한 권씩 가져와 달라고 한 이유는 간단했습니다. 워크숍에 참여하는 분 각자의 취향과 관심사를 알아보고, 그분들이 평소에 얼마나 잡지를 즐겨 보면서 참고할 자료를 체크해 두고 있는지 파악하기 위해서였습니다.

잡지를 만들고 싶다고 하면서 평소에 잡지를 보지 않는다면 좋은 콘텐츠가 나오기 어렵습니다. 마찬가지로 유튜브를 시작하고 싶다면 다른 유튜브를 봐야 하고, 팟캐스트를 만들고 싶다면 다양한 팟캐스트를 들어 봐야 합니다. '유튜브 만드는 법', '독립출판물 만드는 법', '팟캐스트 만드는 법' 등을 다룬 책을 읽고 배우는 것도 좋지만, 가장 좋은 교재는 이미 누군가 만들고 있는 콘텐츠 그 자체입니다. ('내 콘텐츠 만드는 법'에 관한 책을 쓰고 있으면서 이런 말을 하기가 조금 멋쩍게 느껴지지만, 사실입니다.)

저는 잡지도 만들고 책도 만들고 팟캐스트도 만들고 뉴스레터도 만들고, 이것들을 만들기 위해 여러 가지 콘텐츠를 보고 듣고 읽지만 『박막례 할머니』 채널을 빼고는 의외로 유튜브를 즐겨 보지 않는 편입니다. 그래서 유튜브를 어떻게 기획하는지에 관해서는 아는 게 거의 없어요. 대략 '섬네일에는 글자를 크게 쓰는 게 중요하구나' 하는 정도만 감으로 알고 있을 뿐입니다. 현재 동료와 함께 만드는 『시스터후드』 유튜브 채널 역시 팟캐스트를 녹음하는 모습을 휴대폰으로 촬영해 자막만 달아서 업로드하고 있는 수준입니다. 구독자 수가 폭발하는 일 같은 건 당연히 벌어지지 않았습니다.

콘텐츠 기획이란 대체로 '0'에서 시작해야 하지만, 참고자료가 있다면 완전히 0은 아닌 상태에서 시작하는 것과 같습니다. 콘텐츠를 기획할 때가 되어서야 부랴부랴 자료를 찾는 방법도 있겠으나 그보다는 평소에 부지런히 보고 기록하고 쌓아 두는 쪽을 추천합니다.

기자로 일할 때 저는 온라인과 오프라인을 가리지 않고 잡지를 많이 읽었어요. 원래 잡지를 워낙 좋아하는 편이기도 하지만, 다른 매체에서 어떤 주제를 어떤 시기에 어떻게 골라 어떤 방식으로 다루고 있는지 살펴보는 것도 저에게는 일의 일부이자 일을 위한 공부였기 때문입니다. 디지털로 보든(요즘은 해외 잡지도 디지털판으로 쉽게 볼 수 있습니다) 종이로 보든, 좋은 기획이다 싶은 게 있으면 휴대폰으로 사진을 찍어 둡니다. 그리고 그 이유를 메모장에 간단히 써요. 나중에 그걸 다시 보

면서 내가 왜 이 기획을 좋다고 생각했는지 되짚어 보고
는 합니다.

이렇게 평소에 콘텐츠를 많이 접하면서 영감을 줄
만한 것을 기록해 두면 언제든 써먹을 때가 생깁니다.
저는 기사를 쓰다가 막힐 때, 혹은 기획하다가 막힐 때
면 제가 일했던 매체의 사이트에서 예전에 동료들이 쓴
비슷한 기사를 검색해 보기도 했습니다. 그러면 신기하
게도 풀리지 않던 게 해결되고는 하더라고요. 어떤 때
는 심지어 제가 과거에 쓴 기사가 지금의 참고가 되기도
합니다. 이걸 반복하다 보니 기자로서 경력이 좀 쌓이
고 나서부터는 특정한 키워드를 떠올리면 '이건 저번에
썼던 이러이러한 기사를 참고삼아 써 보면 좋을 것 같
아요'라고 기획 회의 때 이야기할 수 있는 수준이 되었
습니다.

평소에 관련 콘텐츠를 많이 찾아보지 못했다면 내
가 만들려고 하는 콘텐츠와 비슷한 키워드를 공유하는
다른 콘텐츠를 그때그때 찾아보거나, 누군가 만든 것 중
잘되고 있는 것 하나를 깊이 파는 방법도 있습니다. '나
만의 콘텐츠 만드는 법'이라는 책을 쓰고 싶다면 비슷한
스타일로 쓰인 『동화 쓰는 법』, 『서평 쓰는 법』 등을 참
고하는 것처럼 말이죠.

참고자료를 찾는 과정은 단지 내가 보고 배울 점만을 찾는 게 아닙니다. 내가 만들고자 하는 콘텐츠에 어떤 경쟁자가 있는지 확인하고, 나의 비교 우위를 다시 한 번 확인하는 작업이기도 합니다. 만약 현재 만들어지는 콘텐츠를 확인해 본 결과 이 사람은 전문 편집자라는 캐릭터를, 저 사람은 다독가라는 캐릭터를 내세우고 있다면 나는 어떤 캐릭터로 책에 관한 이야기를 할 수 있을지 자연스레 더 깊이 고민하게 되겠죠. 무조건 남이 하지 않는 새로운 기획을 떠올리고 콘텐츠를 만들 필요는 없지만, 나와 유사한 관심사를 가진 사람이 무엇을 만들고 있는지 확인할 필요는 있습니다.

　　그런데 '참고자료를 찾는다'는 말이 '그 기획을 그대로 가져온다'는 말과 똑같다고 착각하는 경우를 많이 봅니다. 누군가의 기획을 그대로 가져오는 것은 그 콘텐츠를 참고하는 게 아니라 표절입니다. 그냥 베끼는 것입니다. 관여하지 않은 사람이 얼핏 보기에 기획이란 단순히 기발한 아이디어 차원의 작업인 것 같고, 기획 자체에 누군가의 이름표가 붙어 있지 않기에 종종 마음대로 따라 해도 상관없다고 여겨지는 경향이 있는 것 같습니다. 콘텐츠를 기획하는 사람으로서 무척 화가 나는 부분입니다. 실제로 소유권이나 저작권을 엄격히 따질 수도 없기에 더 답답하죠.

　저는 기자로 일하면서 표절을 당한 적이 몇 번 있습니다. 한번은 토마 피케티가 쓴 『21세기 자본』이 출간된 김에, 누구나 집에 한 권쯤은 있을 '두껍고 꼭 읽어야 할 것 같지만 사 놓고 결국 읽지 못한 책'을 소재로 가벼운 기사를 썼습니다. 며칠 후, 다른 매체에서 매우 유사한 기획의 기사가 나왔습니다. 제가 무엇 때문에 그런 기획을 했는지 파악하지 못하고 그냥 똑같이 따라 한, 몇 글자만 바꾼 글이었습니다. 정식으로 문제를 제기해서 공식 사과를 받아 내기는 했지만, 그 일은 아직도 저에게 충격적인 사건으로 남아 있어요. 콘텐츠 기획에 관해 고민하고 더 나은 콘텐츠를 만들고 싶다면, 내 기획만큼이나 다른 사람의 기획을 존중해야 한다고 생각합니다.

　물론 수많은 콘텐츠가 쏟아지는 시대이기에 다른 어떤 것에도 영향을 받지 않은, 아주 고유하고 독창적인 기획은 존재할 수 없다는 말도 맞습니다. 현재를 살아가는 우리는 누군가가 예전에 만든 것에서 힌트를 얻고, 동시대의 기획에서 영감을 얻고는 합니다. '무엇이 오리지널인가'라고 했을 때 어디까지가 나의 것인지, 어디까지가 다른 데서 빌려 온 것인지 깨끗하게 구분하는 일은 불가능하고요.

그렇기에 더더욱 '남의 것을 그냥 베끼는 사람'이 되지 않기 위해 참고자료를 보며 해당 기획의 목적과 본질을 파악하는 연습이 필요합니다. 내가 지금 보고 있는 최종 콘텐츠가 나온 과정을 이해해야 그것이 나 자신에게도 공부가 되겠죠. **그 콘텐츠의 기획자가 되었다고 가정하고 가상의 기획안을 써 보는 방법을 추천합니다.** 저는 이것을 '기획 거꾸로 뜯어보기'라고 부릅니다. 이 기획안은 실제 기획자의 의도나 기획안과 전혀 다를 수 있겠지만, 괜찮습니다. 정답을 맞히려는 게 아니라 기획의 과정을 이해해 보는 작업이니까요. 이걸 많이 연습하면 나중에는 어떤 기획을 보고 굳이 분석하려 하지 않아도 '이건 이런 이유 때문에 이런 방식을 선택했군' 하고 바로 파악할 수 있습니다.

실제 기획안을 작성하는 것처럼 기획 의도와 목표, 구체적인 소재 등을 나눠서 써 보는 게 제일 좋지만 이 방법이 어렵다면 떠오르는 질문을 쓰고 거기에 대한 답변을 스스로 달아 보세요.

책, 제빵 등 여러 분야에서 3년 이하 자영업자를 인터뷰하고 그 내용을 묶어 내는 잡지 『브로드컬리』를 예로 들겠습니다. 기획 의도는 '많은 사람이 관심 갖는 일을 직업으로 선택한 사람이 실제로 어떻게 일하고, 무엇이 힘들고 보람 있는지 경제적인 부분까지 포함해 진솔하게 들어 본다' 정도가 될 수 있겠고, 대상 독자는 '제빵이나 책 등 매 호 바뀌는 키워드에 관심 있는 사람' 혹은 '좋아하는 일을 직업으로 삼고 싶은데 망설이고 있는 사람'이라고 쓸 수 있을 것 같아요. 콘셉트는 '실무적인 이야기를 가장 잘 해 줄 수 있는 3년 차 자영업자를 인터뷰해 최대한 가감 없이 내용을 싣는다' 정도면 정리가 되지 않을까요? 이걸 질문으로 옮기면 이렇습니다. '왜 잡지라는 형식을 선택했을까?', '왜 3년 이하의 가게를 대상으로 할까?', '왜 인터뷰일까?'

기획은 세상에 없는 새로운 것, 파격적인 것을 발명하는 일이 아닙니다. 그럴 수 있다면 당연히 좋겠지만, 그보다는 하고자 하는 이야기에 (이미 존재하는 것 중) 적절한 방식과 형식을 찾아 딱 맞는 퍼즐을 만드는 일에 가까울 거예요. 참고자료가 쌓이고 쌓이면, 내가 떠올리는 주제와 그것을 풀어내는 방법이 '딸깍' 소리를 내며 맞아 들어가는 순간이 옵니다. 계속해서 새로운 자료를 찾아보고 거기서 배우지 않으면 매너리즘에 빠지는 것도 금방이겠지만요.

7
{ 어떤 콘텐츠를 만들까? }

유튜버라는 직업이 한창 뜨기 시작할 때쯤 친구들과 이야기를 나눈 적이 있습니다. 개인이 콘텐츠를 만들어서 수익을 내기가 얼마나 어려운지, 그런 와중에도 수익을 조금이라도 낼 수 있는 방법은 유튜브를 하는 것뿐이며, 그래서 요즘은 다들 유튜브 계정을 만든다는 이야기였습니다. 그때도 이미 늦었다고 생각했지만, 그때라도 시작했다면 지금쯤 유튜브로 가계 수익의 다각화를 꾀할 수 있었을까요?

구독자가 일정 수 이상을 넘으면 수익이 바로 엄청나게 나기 시작하는 것이 아니라 수익을 낼 수 있는 광고가 붙는 '조건'을 충족하는 것이라는 사실은 뒤늦게야 알았지만, 일찍 알았더라도 저는 유튜브를 시작하지 않았을 거예요. 구체적인 사항을 잘 모르는 처지에서도 영상 편집이라는 작업에 상당한 시간이 소요된다는 것만은 알았고, 저는 그 정도의 시간을 새로운 일에 투입할 여유가 없었거든요. 다른 이유보다 영상 콘텐츠를 만드는 데 큰 흥미가 없었고 꼭 영상으로 만들 좋은 기획 또한 없었다는 게 가장 컸지만 말입니다.

지금은 콘텐츠를 만들고자 한다면 만들 수 있는 방법이 정말 많은 시대입니다. 책이나 잡지는 물론 유튜브, 팟캐스트, 뉴스레터, 웹매거진, 블로그, 인스타그램 등 아마 제가 잘 몰라서 언급하지 못한 방법도 있겠지요. 다들 요즘은 이게 뜬다고 하니 대세에 따라야 할 것 같기도 하고, 그런데 이렇게 시작해도 될까 싶기도 하고, 수익을 생각하면 뭘 선택해야 할까 싶고. 기획도 기획인데 고민하다 보면 실행할 방법을 선택하는 일부터 난관입니다.

일단 침착하게 고민해 볼까요? '요즘 사람들이 뭘 많이 하지?'도 당연히 중요하지만, 그보다 내가 시도할 수 있고 나의 스타일과 내가 만들고 싶은 기획에 맞는 방법이 무엇인지를 잘 생각해 봐야 합니다. 이런 질문을 나 자신에게 던져 보면 어떨까요? 나는 콘텐츠를 만드는 데 얼마나 많은 시간과 노력을 투자할 수 있을까? 내가 콘텐츠를 만들어서 궁극적으로 얻고자 하는 것은 무엇인가? 나는 콘텐츠를 완성하는 데까지 어느 정도의 기간을 잡고 있는가? 내 머릿속에 지금 떠오르는 기획과 가장 잘 어울리는 형식은 뭘까? 콘텐츠를 만드는 사람으로서 나는 '나'를 어느 정도 드러낼 수 있는가?

여기에 천천히 답하다 보면 분명 나와 기획과 매체가 매끄럽게 연결되는 지점을 찾을 수 있을 겁니다. 그럼 구체적으로 어떻게 콘텐츠를 만들 수 있을지, 제가 경험했던 몇 가지 방법을 통해 조금 더 자세히 알아봅시다.

(1) 책 만드는 법

책을 보다가 이런 말을 할 때가 있습니다.

'아니 그래서 하고 싶은 이야기가 뭔데?'

누군가 '언제 책을 써야 하나요?'라고 묻는다면, 저는 이렇게 대답할 수 있을 것 같아요. '하고 싶은 이야기가 무엇인지 정확히 설명할 수 있을 때요.'

책에도 무척 다양한 형식이 있고, 그중에는 하나의 서사로 이어지지 않는 목차를 가진 책도 있습니다. 하지만 일차적으로는 첫 쪽부터 마지막 쪽까지 한 권에 묶여야만 하는 이유가 분명히 존재하는 것, 독자가 다 읽고 나면 '이 이야기를 하려고 했군' 하고 감을 잡을 수 있는 것이라야 책이 됩니다. 그 이야기를 하나의 문장으로 표현할 수 있다면 더더욱 좋겠고요. 부연 설명이 더 붙을 수는 있겠지만, 제가 생각하는 '책을 만들 수 있는 기획'의 최우선 원칙은 그렇습니다.

2018년에 저는 동료와 함께 독립출판으로 『둘이 같이 프리랜서』라는 제목의 책을 만들었습니다. 인쇄 부수가 많지 않았기 때문에 지금은 절판되어 구할 수 없는 책입니다. 이 책은 당시 12년 차 프리랜서였던 동료와 2년 차 프리랜서였던 저의 경험이 한 챕터씩 교차하며 전개되다, 둘이 함께 '헤이메이트'라는 프로젝트팀으로 일을 시작하고 같은 지향점을 향해 나아가는 것으로 마무리됩니다.

"더 나은 여성의 삶을 위한 콘텐츠팀"이라는 다소 거창한 수식을 붙이기는 했지만 그때까지만 해도 가끔 블로그에 번갈아 글을 쓰는 것 외에는 딱히 하는 일이 없었던 두 명의 여성 프리랜서가 외롭지 않게 일하기 위해 팀을 꾸리고, 투자를 받아 법인 회사를 만들기 위해 노력한 끝에 실패하고, 그럼에도 계속해서 원칙을 지키며 함께 일하기를 선택하는 이야기를 하고 싶다고 생각했습니다(주제).

프리랜서로서 어떻게 일해야 하는지에 관한 안내가 아니라 '같이' 일하는 태도와 방식을 보여 주는 이 이야기가 이제 갓 프리랜서가 되었거나 프리랜서가 되고 싶거나 프리랜서로 외롭게 오래 일한 사람에게 가닿을 거라고도 생각했어요(대상 독자).

처음부터 끝까지 두 사람의 이야기가 흘러가고, 주간이나 월간 등 콘텐츠의 정기적인 발행을 염두에 두지 않았기 때문에 책이라는 매체가 어울리지 않을까 싶었습니다. 그래서 어쩌면 가장 중요한 부분, '한정된 시간 안에 제대로 된 글을 써서 책을 만들 수 있는가?'도 계산했습니다. 작고 얇더라도 최소한 책처럼 보이는 책을 만들려면 원고지 300매(약 6만 자) 분량의 글이 필요한데, 저와 동료는 이미 글쓰기에 익숙한 사람이니 절반씩 나누어 쓴다면 한 달이라는 시간 안에 그 정도는 충분히 감당할 수 있을 것 같았어요.

이런 생각을 모두 모아 다음과 같은 기획 의도로 정리했습니다.

불안도 나누면 반이 될까?

프리랜서는 매일 불안과 싸워야 하는 사람입니다. 오늘은 넘겼어도 내일이 오늘 같을지 알 수 없고, 일이 많으면 고통스럽지만 일이 없어도 고통스럽습니다. 조직에 얽매이고 싶지 않아 선택한 길이지만, 때로는 외부로부터 나를 보호해 줄 조직 없이 혼자 모든 것을 버텨야 한다는 사실이 버겁게 느껴지기도 합니다.

'헤이메이트'가 만드는 첫 번째 포켓북 『둘이 같이 프리랜서』는 두 여성 프리랜서의 에세이집입니다. 온라인 잡지 『아이즈』에서 기자로 일했던 칼럼니스트 황효진은 지난해 2월 퇴사한 이후 원고를 쓰고 책을 내고 행사를 만들며 어느덧 2년 차 프리랜서가 되었습니다. 작가 윤이나는 단 한 번도 회사에 소속된 적 없이 칼럼부터 에세이까지, 드라마부터 스탠드업 코미디까지 거의 모든 분야의 글을 쓰고 있는 12년 차 프리랜서입니다.

쌓아 온 경력과 시간은 다르지만 두 사람 모두 언제나 내일에 대한 걱정을 떨치기 어려웠고, 어느 날 문득 온갖 불안을 홀로 감당하는 방식으로 프리랜서의 삶을 지속할 수는 없다고 생각했습니다. 어차피 힘든 거라면 둘이 같이, 어차피 일을 해야 한다면 기다리기보다는 스스로 만드는 게 낫지 않을까?

그래서 둘은 팀을 꾸리고 투자받을 궁리도 해 보고 지키고 싶은 가치를 고민하기도 하면서, 오늘도 프리랜서로 같이 살아가고 있습니다.

혼자 막막해하기보다 함께 무모해지기를 선택한 두 프리랜서의 이야기를 만나 보세요.

책을 만들기로 했으니, 목차를 구성할 차례입니다. 각자 다르게 일해 오며 다른 시행착오를 겪은 두 사람의 목소리가 모두 잘 드러나는 것이 가장 중요한 책인 만큼 번갈아 가며 둘의 글이 등장하는 형식으로 일찌감치 확정했습니다. 그다음 "혼자 막막해하기보다 함께 무모해지기를 선택한 두 프리랜서의 이야기"를 전체 주제로 두고, 목차를 통해 이 이야기를 한다고 생각하며 순서를 짜기 시작했습니다. 글 하나하나에도 기승전결이 필요하듯, 목차에도 책 전체의 기승전결이 드러나야 하니까요. 퇴사, 휴가, 돈 관리, 일하는 공간, 일의 원칙, 종합소득세 신고 등 프리랜서라면 고민하고 또 경험하게 되는 일을 키워드로 뽑은 다음 각자의 이야기로 풀고, 두 사람이 함께 일하기 시작한 시점부터는 사건이 벌어진 순서에 따라 번갈아 글을 쓰기로 했습니다. 이렇게요.

프롤로그―우리는 언젠가 모두 프리랜서가 될 것이다

  (윤이나)

어쩌다 퇴사

극본 윤이나

나는 어떻게 퇴직금을 탕진했나

프리랜서의 휴가

서울, 마포구, 투룸 그리고 프리랜서

모두가 꿈꾸는 자기만의 방

일, 나만의 원칙 세우기

5월은 푸르구나! 종소세를 신고하자

첫 번째 책 쓰기

한국이 추워서

일단 둘이 먹는 브런치

더 크게 웃으며, 같이 일하면 왜 안 돼?

소속과 거점이 필요해

엑셀 유치원에 다닐걸 그랬지

이대로 법인이 돼도 괜찮을까?

사업은 어느 분이 하실 건가요?

에필로그―그럼에도 불구하고, 둘이 같이 헤이메이트

  (황효진)

목차를 이렇게 구성하고 나니 하고자 하는 이야기가 뚜렷해졌습니다. 앞으로의 노동 환경에서는 점점 조직 없이 혼자 일하는 사람이 많아질 것이므로 우리에게는 동료가 필요하다고 말하는 프롤로그에서 시작해, 12년 차 프리랜서든 2년 차 프리랜서든 프리랜서 노동자로 일하는 것이 쉽지 않으며 늘 다양한 종류의 불안을 안고 살아가야 한다는 이야기를 거쳐, 그런 두 사람이 조금 덜 불안한 상태에서 일하기 위해 팀을 만들고, 소중하게 생각하는 가치를 지키며 누군가에게는 실패한 것처럼 보이는 상황에서도 계속해서 함께 일하기를 선택했다는 이야기로 마무리했습니다.

당시는 프리랜서라는 일의 방식에 막 관심을 갖기 시작한 사람이 늘어나던 시기였음에도 프리랜서로서 사는 팁이 아닌 두 프리랜서의 이야기에 초점을 두는 바람에 너무 좁은 독자층을 공략했나 싶기는 하지만, 이 이야기가 한 권으로 끝나는 책이어야만 했다는 생각에는 변함이 없습니다. 정기적으로 계속해서 콘텐츠를 만들어야 하는 잡지나 유튜브, 팟캐스트 등의 매체를 선택했다면 세부 기획도 달라져야 했을 거예요. 사업자 등록하는 방법이나 투자 심사 받는 방법 등을 알려 준다거나, 둘이 함께 일하는 다른 프리랜서 노동자를 인터뷰한다든가 하는 식으로요.

생각해야 할 것

여기까지 오면 기획은 완성된 것입니다. 글을 쓰다가 처음 계획했던 것과 목차가 조금 달라질 수는 있겠지만, 책 만들기를 시작할 수 있는 기본은 마련됐습니다. 저는 여기에 더해, 적은 자본으로 책을 만들어야 하는 분을 위해 아주 작은 팁을 드리고 싶어요.

책을 만드는 데는 적지 않은 비용이 들어간다는 사실, 알고 계신가요? 애석하게도 2018년의 저와 동료는 몰랐습니다. 인쇄비와 디자인비, 배송비 등을 포함하면 몇백만 원이 훌쩍 넘어갑니다. 개인이 책을 만들 때는 대형 출판사처럼 대량으로 책을 찍어 내거나 이 책에서 손해 본 것을 다른 책의 수익으로 메울 수 있는 구조가 아니지요. 놀랍게도 500부를 인쇄하나 1,000부를 인쇄하나 비용 차이가 크지 않기에 많이 인쇄해서 많이 팔수록 당연히 이득이겠지만, 독립출판으로 1,000부를 판매한다는 건 아주 어려운 일이기도 합니다. 그 책이 다 팔릴 동안 쌓아 둘 장소도 마땅치 않고요.

자본금이 부족했던 저와 동료는 크라우드펀딩 사

이트 "텀블벅"에서 책을 만들어 판매했습니다. 이후 남는 수량은 독립출판물 페어인 "언리미티드에디션"에서 팔기로 했고요. 텀블벅은 저희처럼 초기 자본이 부족한 개인 창작자가 자주 이용하는 플랫폼으로, 일종의 기획안과 샘플을 먼저 공개한 다음 한정된 기간 내에 후원자의 펀딩을 받아 목표 금액을 모두 모으면, 그 돈으로 나머지 제작 과정을 진행해 콘텐츠를 완성할 수 있습니다. 판매될 수량을 미리 집계해서 인쇄에 들어갈 수 있다는 점도 장점입니다. 비용 측면뿐 아니라, 초기 홍보가 어려운 개인 창작자의 홍보 플랫폼이 되어 주기도 하니 SNS 등을 통해 이미 많은 독자를 확보한 상태가 아니라면 텀블벅과 같은 크라우드펀딩 사이트를 이용해 봐도 좋겠습니다.

만약 크라우드펀딩에서 목표 금액을 모은다면, 이는 곧 내 책의 독자를 발견하는 데 성공했다는 뜻이겠지요. 더불어 나의 기획이 책으로 나와야만 하는 이유, 더 나아가 나의 기획이 세상과 만나야 하는 이유에 대한 증명이기도 할 것입니다.

(2) 잡지 만드는 법

저는 딱히 할 일이 없을 때면 누워서 넷플릭스 콘텐츠를 봅니다. 기사 기획을 위해서 최대한 다양한 콘텐츠를 봐 둬야 했던 기자 시절의 습관이 여전히 남아 있는 거겠죠. 넷플릭스를 보던 어느 날, 잡지에 관한 흥미로운 정의를 들었습니다. 인도계 미국인 코미디언 하산 미나즈는 정치 및 문화 관련 스탠드업 코미디쇼 『이런 앵글』의 첫 시즌 첫 번째 에피소드에서 잡지를 이렇게 표현합니다.

다들 잡지가 뭔지 기억하시죠? 손에 들고 넘길 수 있는 인스타그램 같은 거예요.

저는 웃다가 영상을 잠깐 멈춘 다음, 이 충격적인 대사를 휴대폰 메모장에 받아 적었습니다. 잡지가 어느덧 고대의 유물처럼 인식된다는 사실보다 "잡지는 손에 들고 넘길 수 있는 인스타그램 같은 것"이라는 표현이 너무나 적확하게 느껴진다는 점, 그 표현에 제가 즉각적으로 동의할 수 있다는 점이 더 놀라웠어요.

이런 시대에 과연 잡지란 무엇이고, 어떻게 만들어

저야 할까요? 마침 저보다 훨씬 더 먼저, 훨씬 더 세련된 표현으로 잡지를 정의한 사람이 있습니다. 미국의 인터넷 비즈니스 관련 잡지 『와이어드』의 창립 편집장 케빈 켈리는 잡지에 대해 이렇게 말합니다.

> '책'은 물체가 아니다. 그것은 지속해서 전개되는 논점과 내러티브이며 '잡지'는 아이디어와 시점의 집합체를 편집자의 시점을 통해서 보여 주는 것이다.
> —『와이어드』 제2호에 실린 인터뷰 중, 『책의 역습』에서 재인용

책은 연속된 하나의 이야기입니다. 이 책은 여러 개의 글로 구성되어 있지만, 글을 순서대로 읽어 나가다 보면 하고자 하는 이야기는 제목처럼 '나만의 콘텐츠 만드는 법'으로 수렴됩니다. 한편, 잡지는 하나의 관점을 투과한 이야기들을 모은 것입니다. 잡다한 콘텐츠를 모두 모아 놓는다고 해서 저절로 잡지가 되는 것이 아니라, 그 잡지만의 고유한 필터가 있어야 하며 그것을 가진 매체라야 잡지라고 부를 수 있다는 얘기입니다.

잡지가 하는 일은 아주아주 큰 틀에서 보자면 큐레이션과 다르지 않습니다. 특정한 필터를 가지고 '지금',

'나/우리'가 해야 하는 이야기는 무엇인지 골라내고 다른 사람이 접할 수 있는 콘텐츠로 바꾸어 내는 일. SNS와 정보 과잉의 시대일수록 점점 더 중요해지는 그 일. 잡지 만들기란 세상을 바라보는 나/우리의 관점과 태도가 무엇인지 찾는 데서 시작할 수밖에 없겠지요.

『어라운드』를 펼치면 "이 책을 읽는 동안 당신 주변의 시간은 느리게 흐릅니다"라는 문구가 가장 먼저 보입니다. 지금 이게 유행이라고, 당신은 우리가 제안하는 이런 트렌드를 숨 가쁘게 따라와야 한다고 말하는 잡지와 달리 『어라운드』는 약간의 여유를 갖고 나의 삶과 주변을 살펴보길 권하는 잡지예요. 『매거진 B』는 어떨까요? 한 호에서 하나의 브랜드를 탐구하는 이 잡지는 각각의 브랜드에 관한 얇은 사전 혹은 안내서처럼 보이기도 합니다. 브랜드의 역사와 관계자 인터뷰, 이 브랜드를 애호하는 사람의 인터뷰 등이 포함돼 있죠. 일방적으로 브랜드를 광고하는 것이 아니라 브랜드를 둘러싼 이야기를 정보와 함께 풀어놓는 구성입니다.

잡지의 전체적인 만듦새에 관한 이야기가 아닙니다. 잡지를 평가해 보자는 이야기도 아닙니다. 적어도 자신이 어떤 목소리로 어떤 말을 건네고, 어떤 위치에서 어떻게 세상을 바라보며 독자에게 다가갈지 이해하는 잡지가 존재한다는 이야기입니다.

　잡지가 반드시 트렌드를 쫓아갈 필요 없고, 그럴 수도 없는 시대라는 사실은 앞에서 이야기했습니다. 하지만 잡지가 절대 놓치지 말아야 할 것이 있다면 역시 시의성에 대한 감각입니다. **유행하는 가게, 유행하는 아이템을 빠르게 포착하는 정보 수집력도 중요하지만 그보다는 이 시대에 사람들에게 필요한 필터가 무엇인지 예민하게 파악하는 능력 말입니다.** 『어라운드』가 바쁜 일상 속에서 잠깐이나마 자신을 위해 천천히 숨 돌릴 틈을 만들어 보자고 말하듯, 『매거진 B』가 스토리텔링으로 브랜드를 이해해 보자고 말하듯, 오늘날의 잡지 기획에서 가장 중요한 것은 바로 이런 방식으로 시의성을 포착하는 힘입니다. 지금 사람들은 어떤 욕구를 가지고 있고, 어떤 콘텐츠를 읽고 듣고 보고 싶어 할까요?

어떻게 기획할까?

이번에도 역시 저의 경험을 예시로 들어 보겠습니다. 2017년에 저는 동료들과 함께 '4인용 테이블'이라는 팀을 꾸려서 무크지 『여성생활』을 만들었습니다. 무크지는 책과 잡지의 중간 정도 되는 출판물을 뜻하는 것으로 발행 주기가 보통 비정기적입니다. 한 달에 한 번, 격월,

분기당 한 번이라는 식으로 발행 주기를 미리 정해 두기가 조금 부담스러워 무크지를 만들기는 했지만, '지금, 여기 여성의 삶에 필요한 팁과 기술, 태도에 관한 콘텐츠를 지속해서 만든다'라는 목적을 가지고 잡지의 형태를 선택하게 되었습니다.

당시는 결혼이나 출산, 육아 등 자연스러운 생애 주기로 여겨지던 과정을 당연한 삶의 선택지로 고려하지 않는 여성의 목소리가 점점 더 크게 들려오기 시작하는 시기였고, 그렇다면 어떻게 살아가며 새로운 삶의 경로를 만들어 갈 것인지 함께 이야기 나누고 정보를 공유하는 콘텐츠가 점점 더 중요해질 거라고 생각했기 때문입니다.

잡지의 전체적인 콘셉트를 잡았으니 세부 내용을 기획해야겠지요? 보통 잡지는 콘셉트와 관점에 어울리는 키워드를 매호 하나씩 정하고, 그에 따라 세부 내용을 결정합니다. 잡지 표지에 쓰인 'cover story'라는 글자를 본 적이 있을 텐데요, 그게 바로 그 호의 '특집'이자 가장 중요한 내용을 가리킵니다. 『여성생활』 첫 호의 주제는 '독립'이었습니다. 여성 1인 혹은 2인 가구가 독립적으로 살아가기 위해 집을 구하는 과정을 순차적으로 보여 주며, 정보를 주기 위해서 가상의 인물을 등장시키고, 각 단계에 따라 집을 구할 때 체크해야 할 부분, 하우스메이트를 구할 때 생각해야 하는 것의 리스트, 부동산에서 계약서 쓰는 방법, 이사의 기술 등의 정보를 담았습니다. 형식적으로는 에세이, 정보성 콘텐츠, 카툰, 인터뷰 등이 골고루 들어갔어요.

정리하자면, 잡지를 만드는 방법은 다음과 같습니다. (1) 나의 기획이 스토리텔링보다는 특정한 소재나 관점에 가까운지 고민해 본다. (2) 정기적으로 콘텐츠를 만들 수 있는 기획인지 검토한다. (3) 기획의 성격과 나의 상황을 고려해 발행 주기를 정해 본다. 주간/월간/격월간/계간 등이 있다. (4) 잡지의 콘셉트를 구체화하고 그 콘셉트에서 벗어나지 않도록 해당 호에서 다룰 특집의 키워드를 하나 뽑아 본다. (5) 키워드를 어떤 각도에서 보여 줄지 생각하면서 세부 내용을 기획한다. 여기에 더해, 상황과 목적에 따라 온라인 잡지를 만들지 오프라인 잡지를 만들지도 고민해 볼 수 있겠습니다.

생각해야 할 것

잡지를 만드는 건 무척 재미있는 일이지만 또 그만큼 아주 까다로운 일입니다. 한 호가 다양한 콘텐츠로 구성되는 만큼 기획해야 할 것도 많습니다. 그러니까 이 말은 높은 확률로 나나 동료가 아닌 외부 필자를 섭외해야 할 일이 생긴다는 뜻이기도 합니다. 다양한 사람의 콘텐츠(글, 사진, 일러스트 등)를 하나의 통일성 있는 콘셉트 아래 조율하고 정돈하는 것은 생각보다 만만치 않은 작업입니다. 이들에게 합당한 작업비를 지불해야 한다는 점까지 고려하면 제작비 역시 상당히 상승하게 되죠. 심지어 잡지는 책처럼 한 번 내고 끝낼 수 있는 게 아니니, 발행 주기에 따라 만만치 않은 제작비를 쓰며 만만치 않은 작업을 반복해야 합니다.

이것이 부담스럽다면, 큰 종이 한 장을 접어 만든 매거진 『아침』 같은 방식으로 잡지의 부피를 획기적으로 줄이는 방법도 고려해 볼 만합니다. 『아침』은 매호 한 개의 키워드를 골라 글과 인터뷰, 뮤직리스트 등을 싣는 한 장짜리 잡지인데요, 뒷장에는 커다란 사진이 인쇄되어 있어 포스터처럼 활용할 수 있습니다. '종이 한 장'이라는 제약을 도리어 매력으로 바꾸어 낸 경우겠네요.

고백하건대 잡지는 제가 정말 좋아하는 매체입니다. 콘텐츠 전문가가 트렌드를 어떻게 포착하고, 그에 맞는 기획을 어떻게 뽑고, 그 기획을 구체적으로 어떻게 실현했는지 다양하게 살펴볼 수 있으니까요. 그래서 잡지는 콘텐츠 기획법을 배우기에도, 연습해 보기에도 적절한 매체입니다. 특정 잡지의 특집호를 한 번만 기획해 보면 제가 이 책에서 이야기하는 콘텐츠 기획법을 자연스럽게 익힐 수 있을 거예요. 잡지 애호가로서 저는 얼마나 또 새로운 잡지가 만들어질지 기대하고 있겠습니다.

(3) 팟캐스트 만드는 법

'요즘 유튜브 어떤 거 보세요?'만큼이나 제 주변에서 흔히들 던지는 질문은 '팟캐스트 뭐 들으세요?'인 것 같습니다. 이 질문을 했을 때 대답에 주로 등장하는 채널은 온라인 서점 "예스24"에서 만드는 『책읽아웃』이나 셀럽 맷의 『영혼의 노숙자』, 『씨네21』 기자 김혜리의 『필름클럽』, 『중앙일보』 기자들이 만드는 『듣똑라』(듣다 보면 똑똑해지는 라이프) 등입니다. 출퇴근길에 이동하면서 혹은 일하면서 틀어 놓기만 하면 되니 다른 매체보다 덜 집중해도 되고, 그래서 부담 없이 듣게 되는 것 같아요.

　듣는 사람이 흔해진 만큼 팟캐스트를 만들고자 하는 사람도 많아지고 있습니다. 글처럼 마감의 부담이 아주 크지도 않으며, 음성 편집이 필요하긴 하지만 영상 편집보다는 훨씬 덜 까다롭습니다. 녹음 방법이 어렵지도 않고, 비용이 많이 들지도 않습니다. 한 시간에 1만 원에서 1만 5천 원 정도만 내면 방음이 잘되는 스튜디오를 빌릴 수 있습니다. 게다가 좋아하는 것에 대해 대화를 나누기만 하면 콘텐츠가 된다니, 초심자에게 이렇게 장벽이 낮은 매체가 또 있을까 싶기도 합니다.

그런데 정말로 팟캐스트 만들기는 간단할까요? 아무것도 모르는 상태에서 쉽게 시작해도 괜찮을까요?

채널 콘셉트

저는 2018년 11월부터 동료와 함께 프로젝트팀 헤이메이트로 팟캐스트 『시스터후드』를 만들고 있습니다. 『영혼의 노숙자』를 진행하고 있는 셀럽 맷의 제안으로 우연히 시작하게 된 일이었어요. 팟캐스트를 직접 만들게 될 거라고는 그 전까지 상상해 본 적도 없고, 헤이메이트라는 팀의 지향이나 색깔이 뚜렷한 상황도 아니었기 때문에 제안을 받은 이후부터 콘셉트를 고민하게 되었습니다.

먼저 헤이메이트 팀원 두 사람인 작가 윤이나와 제가 어떤 것을 잘하고 무엇을 더 이야기하고 싶은지 생각했습니다. 둘 다 엔터테인먼트 콘텐츠 비평 관련 일을 오래 해 왔으니 그게 가장 좋을 것 같았어요. 하지만 영화나 드라마, 예능 프로그램에 관해 이야기하는 팟캐스트는 이미 많았습니다. 특히 영화라면 현장 소식까지 들을 수 있는 영화 기자나 저널리스트보다 비평가에 가까운 우리가 더 잘 다룰 수 없겠다는 생각이 들었어요. 텔레비전을 진지하게 보는 사람의 숫자 자체가 줄어든 상황에서 텔레비전 관련 이야기만 하는 것도 별 의미가 없을 것 같았고요.

'그럼 지금 우리가 중요하게 생각하는 것, 지금 엔터테인먼트 비평에 필요한 것은 뭘까?'라는 질문이 떠올랐고, '여성의 관점에서 엔터테인먼트 콘텐츠에 관해 이야기를 해 보자'라는 결론을 내리게 되었습니다. 카메라 앞이든 뒤든 턱없이 부족한 여성의 자리나 여성을 입체적으로 그리지 못하는 콘텐츠에 대해 비판적인 의견이 한창 등장하기 시작한 때였거든요. 저와 동료 모두 관련 글을 쓰거나 강연을 해 본 경험이 있었고요. 이에 따라 영화와 드라마, 예능 프로그램 등을 가리지 않고 괜찮은 여성 캐릭터와 뛰어난 여성 엔터테이너, 여성의 관점에서 의미 있는 작품을 다루기로 했습니다. '여성이 보는 여성의 이야기, 자매애 고취 방송 『시스터후드』'라는 슬로건과 더불어 이렇게 콘셉트, 채널 제목까지 결정되었습니다.

이 과정을 찬찬히 뜯어보면 이렇습니다. (1) 나/우리가 관심 있는 분야, 잘 다룰 수 있는 분야를 넓게 잡는다. (2) 다른 채널이 해당 분야를 어떻게 다루고 있는지 살펴본다. (3) 가급적 다른 채널이 선택하지 않은 테마 중 나/우리가 비교 우위를 가지고 있는 것은 무엇인지 고민해 본다. (4) 채널 콘셉트를 확정하고 콘셉트에 맞는 채널 제목과 슬로건을 정한다.

운영 방식

보통 팟캐스트 채널에서 새 에피소드는 일주일에 한 번씩 업로드됩니다. 『듣똑라』처럼 일주일에 두세 번 올라오는 채널도 있긴 하지만, 그 경우는 아주 예외적입니다. 방송 주기는 만드는 사람의 상황과 컨디션을 고려해 정하되, 일주일에 한 번 정도면 청취자에게 정기적인 방송으로 느껴지면서, 만드는 사람에게도 크게 무리가 가지는 않는 일정이라고 할 수 있습니다.

'어떤 요일에 업로드할 것인가?'도 중요합니다. 대부분의 사람에게는 일주일의 흐름과 리듬이 있고, 콘텐츠에 따라 업로드되는 요일이 청취율에 큰 영향을 끼칠 수도 있거든요. 『시스터후드』는 매주 수요일에 새 에피소드를 올리고 있습니다만, 쑥스럽게도 특별한 이유가 있었던 것은 아니고 처음 방송을 시작한 플랫폼에서 요청한 요일이자, 만드는 저희에게도 무난한 요일이어서 그렇게 되었습니다. 만약 영화를 중점적으로 다루는 팟캐스트라면 대다수의 영화가 개봉되는 수요일 이후, 그러니까 매주 목요일이나 금요일로 방송 주기를 정하는 게 더 유리할 수도 있겠지요.

어디에 방송을 올릴지 플랫폼도 결정해야 합니다. 현재 팟캐스트를 운영할 수 있는 플랫폼은 팟빵, 아이튠즈 팟캐스트, 네이버 오디오클립, 팟티 등이 있고 사운드클라우드나 유튜브를 이용하는 경우도 많습니다. 국내에서 가장 많이 이용하는 플랫폼은 아무래도 팟빵 같습니다. 팟빵을 통해서 RSS 방식으로 아이튠즈 팟캐스트까지 올릴 수 있지요. 네이버 오디오클립은 레이아웃도 깔끔하고 사용하기도 편하지만 후발 주자라 플랫폼 자체에 이용자가 아직 많지 않다는 단점이 있습니다.

많은 이용자가 다양한 플랫폼을 넘나들며 방송을 듣기보다는 자신에게 익숙한 플랫폼을 계속해서 사용하는 만큼, 하나의 플랫폼을 고집하는 것보다 여력이 된다면 올릴 수 있는 곳에 모두 방송을 올리는 게 가장 좋기는 합니다. 『시스터후드』도 현재 팟빵과 아이튠즈 팟캐스트, 네이버 오디오클립에서 동시에 서비스되고 있어요. 덕분에 하나의 플랫폼에서만 방송했던 운영 초기와는 비교할 수 없을 정도로 청취율과 인지도가 높아졌습니다.

에피소드별 기획

채널 콘셉트와 운영 방식을 정했다면, 이제 매주 방송할 에피소드 기획을 해야겠죠. 당연히 채널 콘셉트를 더욱 구체화해서 잘 보여 줄 내용으로 기획해야 합니다. 그러기 위해서는 느슨하게라도 몇 가지 기준을 세워 두면 더 좋습니다. 『시스터후드』가 가지고 있는 기준은 다음과 같습니다. 첫째, 여성 작가나 여성 감독, 여성 배우의 비중이 높은 작품을 고를 것. 이것은 '여성이 보는 여성의 이야기'라는 채널 슬로건과 관련하여 제일 중요한 기준입니다. 둘째, 가급적 최근 개봉작 혹은 최근 공개된 작품일 것. 콘텐츠가 유행하는 주기가 생각보다 무척 빠르기 때문에 청취율을 높이려면 가급적 지금 활발하게 이야기되는 최근 공개작이 가장 적절합니다. 셋째, 비판하기보다 좋은 점을 조명할 수 있는 작품을 다룰 것. 사적인 자리라면 소위 '작품을 까는 것'이 재미있을지도 모르지만, 많은 분이 들을 팟캐스트에서는 작품의 미덕에 관해 이야기하는 게 더 중요하다고 판단했습니다. 이 정도의 기준을 가지고 『시스터후드』는 지금까지 『밥블레스유』나 『소공녀』, 『캡틴 마블』, 『작은 아씨들』 등을 꾸준히 다뤄 왔습니다.

어떨 때는 다룰 작품이 너무 많아 고르기가 어렵고, 또 어떨 때는 너무 없어 고민하고는 합니다. 그런 고민을 겪으면서 영상 콘텐츠에 집중했던 초반과 달리 책을 다루기도 하고, 인물에 관해 더 중점적으로 이야기하기도 하고, 영화 『기생충』 같은 무척 대중적인 작품에서 여성이 어떻게 그려지는지 분석해 보고 있습니다. 1년이 넘는 시간 동안 원칙에 따라 채널의 색깔을 잘 유지해 왔기에 가능한 일입니다. 『시스터후드』라는 채널 안의 원칙을 최대한 해치지 않으면서, 그러나 조금 더 폭넓게 소재를 떠올려 보려고 노력하고 있습니다.

녹음 전

팟캐스트 만드는 방법을 전혀 모를 때, 팟캐스트는 대략의 주제만 정하고 그냥 몇 명이 즐겁게 대화를 나누면 되는 거라고 생각했습니다. 팟캐스트를 만들고 싶어 하는 분이 저에게 자주 하는 질문 중 하나도 기획과 더불어 '대본을 써야 하나요?'라는 것입니다. 대본이 필요 없다고 생각하거나, 써야 한다는 건 아는데 어떻게 쓰는지 잘 모르는 분이 있는 것 같아요.

저는 무조건 대본을 준비하시길 권하고 싶습니다. 방송에 특화된 사람이 아니라면 준비 없이 말할 경우 엉뚱한 방향으로 빠지기도 하고, 주어와 술어가 맞지 않는 등의 실수를 빈번하게 저지르게 됩니다. 믿기지 않는다면 친구나 동료와 나눈 대화를 녹음한 후 한번 들어 보세요. 팟캐스트 출연자끼리의 사담이 아니라 청취자가 존재하는 대화라는 사실을 늘 기억합시다.

그렇다고 해서 방송에서 나눌 모든 이야기를 대본으로 작성할 필요는 없습니다. 불가능한 일이기도 하고요. 『시스터후드』는 다루는 작품에서 우리가 핵심이라고 생각하는 키워드 세 개를 뽑고, 그 키워드별로 나누고 싶은 이야기를 문장 형식으로 간단하게 정리합니다. 이렇게 준비하면 대본을 작성한 당사자가 아닌 나머지 진행자도 방송에서 어떤 이야기를 나눠야 할지 쉽게 이해할 수 있고, 방송 중 말이 꼬일 확률도 낮아지며, 방송의 흐름도 잘 잡힙니다.

무엇에 관해 이야기를 나누고 싶나요? 다룰 주제에서 핵심 키워드를 뽑는다면 무엇이 될까요? 어떤 이야기로 시작해 어떤 이야기로 마무리하면 좋을까요? 이 질문들에 대한 답을 떠올리면서 대본을 써 봅시다.

녹음하기

작가 김영하가 팟캐스트 『책 읽는 시간』을 처음 만들때, 집에서 혼자 노트북과 USB 마이크를 이용해 녹음했다는 일화는 이미 유명합니다. 팟캐스트를 위한 스튜디오가 거의 없을 때였으니 녹음된 음성의 질이 좋지 않아도 그것이 도리어 개성으로 받아들여졌을 것 같습니다.

지금은 상황이 많이 달라졌습니다. 포털사이트나지도 앱에서 '팟캐스트 스튜디오'나 '팟캐스트 녹음실'로만 검색해도 관련 스튜디오 목록을 확인할 수 있습니다. 아주 급하게 녹음을 해야 하는 경우가 아니라면, 무조건 스튜디오를 이용하는 게 좋습니다. 작가 이소영이진행하는 『식물라디오』의 몇몇 에피소드처럼 스튜디오를 벗어나 바깥 소리를 일부러 다양하게 담아내는 경우도 있지만, 이 또한 계절별로 자주 찾아볼 수 있는 식물을 현장에서 직접 이야기한다는 채널 콘셉트에 맞기때문에 가능한 시도입니다.

방음이 완벽한 스튜디오가 아니라면 녹음 중 잡음이 정말 많이 들어가고, 아무리 조용한 장소(혼자 있는집 등)에서 녹음하더라도 소리가 울리는 등 스튜디오에서 사용하는 마이크만큼 깨끗한 음질을 기대하기 어렵습니다. 유튜브 등과 달리 팟캐스트는 청취자가 오로지 귀로만 콘텐츠를 접하므로, 소리의 균질성이 조금만 떨어져도 티가 많이 납니다. 팟캐스트란 결국 오디오 매체인 만큼 깨끗한 소리가 최우선이라는 사실을 강조, 또 강조해 봅니다.

같은 이유로 녹음 중 무심코 탁자나 마이크를 두드리는 행동도 조심해야 합니다. 상대방의 이야기에 너무 잦은 추임새를 넣거나, 진행자끼리만 알아들을 수 있는 농담을 하는 것도 지양하는 편이 좋고요. 저는 '음, 음'이라는 추임새를 너무 자주 넣어 몇몇 분으로부터 지적을 받은 적이 있습니다(덕분에 지금은 거의 추임새를 넣지 않습니다. 그 대신 영상으로 녹음 현장을 확인해 보면 격하게 고개를 끄덕이고 있지요).

앗, 이건 기획 단계에서 언급해야 했던 것 같지만 '듣기 좋은 대화의 균형'이라는 점에서 진행 인원에 대해 이제라도 말해 봅니다. 팟캐스트를 혼자 진행하는 일도 나쁘지는 않겠지만, 최소 두 명 이상이 진행해야 대화를 주고받는 호흡의 재미가 만들어지는 것 같습니다. 개인적으로는 흐름을 끌고 나가는 사람 한 명, 내용을 채워 넣는 사람 한 명, 풍부한 반응을 통해 대화를 풍성하게 만드는 사람 한 명, 이렇게 세 명이 진행할 때 오디오가 비는 부분 없이 듣기 편하다는 느낌을 받습니다.

녹음 후

대본 없이 나눈 대화가 방송이 될 수 없듯, 편집 없는 대화 역시 방송이 되기 어렵습니다. 채널 슬로건 또는 짧은 채널 소개를 따로 녹음해 둔 후 한 회를 시작하고 마무리할 때 고정적으로 넣고, 말이 꼬이거나 기침 소리가 들어가거나 대화가 잘 이어지지 않은 부분을 잘라 내고, 적절한 위치에 효과음을 넣어 보세요. 팟캐스트 편집에 주로 사용하는 프로그램은 오다시티Audacity라는 앱입니다. 자세한 사용법은 유튜브나 관련 책 등으로 익혀 보세요. 아주 간단하니 금세 배울 수 있습니다.

아마 팟캐스트 시작 초기에는 자잘한 실수를 모두 잘라 내느라 편집에 오랜 시간이 걸리겠지만, 경험이 쌓이면 시간도 줄어듭니다. 녹음을 하면서 실수를 저지르는 경우가 점점 적어지고, 크게 거슬리지 않는 실수인 이상 굳이 잘라 내지 않게 되거든요. '어떤 경우에 잘라 낼 것인가?'의 기준을 정하기 위해 만드는 사람 간의 합의가 우선 필요하겠지만요.

청취자와 관계 맺기

팟캐스트를 만들면서 어떤 경우에도 지켜야 할 사항이 하나 있습니다. 정해진 시간과 요일을 어기지 않고 정기적으로 방송을 업로드하는 것입니다. 마음이 내킬 때는 방송을 많이 올렸다가, 여의치 않을 때는 아예 올리지 않는 식으로 팟캐스트 채널을 운영할 수는 없습니다. 일주일에 한 번 약속한 요일이 있다면 가급적 지켜야 합니다. 방송 주기는 청취자와 정한 약속이기도 하고, 정기적으로 콘텐츠를 올려야 청취자에게도 습관이 되거든요. 매주 수요일에 『시스터후드』를 듣는 일이 청취자에게 습관으로 자리 잡아야 이탈률이 낮아지는 것이죠. 약속한 요일 자정에 새 에피소드를 올리고, 정말정말 피치 못할 사정이 있어 업로드가 늦어질 경우 반드시 청취자에게 알립시다.

팟캐스트 채널은 작은 단위의 커뮤니티를 형성합니다. 직접 연결되지는 않아도 콘텐츠를 중심으로 비슷한 취향과 관심사를 가진 사람이 모이고, 진행자에게도 친근감을 느끼게 됩니다. 이 커뮤니티가 단단하게 형성될 때까지 정기적으로 채널을 운영하며 채널의 정체성을 꾸준히, 뚜렷하게 보여 주세요. 청취자가 남긴 댓글에 다시 댓글을 남기거나 방송 중 언급하는 식으로 피드백을 하는 일도 소홀히 하지 맙시다. 악성 댓글에는 굳이 대응할 필요가 없겠지만요.

생각해야 할 것: 수익을 어떻게 낼까?

팟캐스트의 미래는 어떨까요? 많은 사람이 팟캐스트를 만들고 있다면 밝다고 할 수 있을까요?

저와 동료는 요즘 고민에 빠져 있습니다. 『시스터후드』는 우리 두 사람에게 무척 중요한 일이고 시간과 노력도 그만큼 많이 들어가는데, 팟캐스트만으로는 수익이 나지 않거든요. 1년을 넘게 만들어 왔음에도 그렇습니다. 가장 처음 팟캐스트 콘텐츠를 무료로 즐길 수 있게 만든 사람이 누구인지, 알지도 못하는 사람을 가끔 원망하게 됩니다. 작품을 까다롭게 골라 여성주의적 관점으로 비평한다는 『시스터후드』의 콘셉트상, 광고가 붙기도 어려운 것 같습니다. 팟빵에서 유료 에피소드를 설정할 수 있긴 하지만, 무료라는 인식이 이미 널리 퍼진 팟캐스트 콘텐츠에 돈을 지불하려는 청취자는 그리 많지 않습니다. 정기 후원이나 에피소드별 후원, 광고 수익으로 돈을 버는 것도 가능하지만 두 사람의 인건비를 감당할 정도는 아니에요. 이마저도 팟빵이 아닌 다른 플랫폼에서는 불가능한 조건입니다.

『듣똑라』134화를 들어 보면 미국에서 팟캐스트가 어떻게 활발히 운영되고 있는지 알 수 있습니다. 미국은 워낙 땅이 넓어 이동하면서 오래 듣는 청취자가 많다 보니 광고도 많이 붙고, 팟캐스트만 만드는 방송국까지 있을 정도라고 해요. 안타깝게도 한국에서는 아주 일찍 문을 연 몇몇 시사 팟캐스트만 후원이나 광고 면에서 유의미한 수익을 내고 있는 것 같습니다.

그래서 『시스터후드』로 유튜브를 시작했습니다. 제대로 시작했다기보다 녹음하는 장면을 그대로 찍어 브이로그용 앱으로 자막과 간단한 효과 정도만 넣고, 5분에서 10분 사이의 영상으로 편집하고 있지만 말입니다. 그럼에도 유튜브 채널을 열어야 되겠다고 생각한 건, 구독자가 쌓였을 때 그나마 수익으로 돌아올 가능성을 가진 플랫폼이 유튜브밖에 없기 때문입니다. 수익이 발생할 때까지 얼마나 긴 시간이 걸릴지는 아직 모르겠어요.

저는 지금 한국에서 팟캐스트 채널을 운영한다는 건, 여기서 쌓은 신뢰도를 바탕으로 또 다른 기회를 만들 수 있는 정도의 일이라고 생각하고 있습니다. 『시스터후드』 덕분에 헤이메이트라는 팀을, 황효진이라는 사람을 알릴 수 있었고 엔터테인먼트 비평과 관련한 책도 만들어서 판매할 수 있었으니까요. 언제까지나 '또 다른 기회'만을 기대해야 한다고 생각하면 약간 피로해지지만, 일단은 이런 상태입니다.

팟캐스트를 만드는 것만으로 유의미한 수익을 거둬들일 수 있을까요? 어떤 방법이 있을까요? 좋은 아이디어가 있다면, 저에게도 알려 주세요.

(4) 뉴스레터 만드는 법

언젠가부터 제 메일함도 각종 뉴스레터로 가득 차기 시작했습니다. 처음에는 의욕에 차서 이것저것 구독 신청했다가, 어느새 읽지 못한 메일의 수만 늘어 가는 것을 보면 마음이 무거워집니다. 각종 정보를 빠르게 접하고 트렌드를 놓치지 않는 부지런한 사람이 되겠다는 결심으로 구독하기 시작한 뉴스레터가 오히려 자신을 게으른 사람으로 느끼게 하기도 합니다. 다행히 이런 사람은 저만이 아니어서, 종종 동료들과 '날 잡고 뉴스레터 몰아 읽기 모임'을 해야겠다는 대화를 나눈 적도 있습니다.

그럼에도 새로운 읽을거리를 향한 사람들의 열정은 쉽게 식지 않는 것 같아요. 읽을거리가 너무 흔해진 세상 같지만, 그중에서 나에게 맞는 읽을거리는 흔하지 않거든요. 요즘 뉴스레터 하면 떠오르는 작가 이슬아의 "일간 이슬아"나 작가 이다와 동료들이 함께 만드는 "매일마감" 등을 읽으며 재미있는 콘텐츠를 보고 싶은 욕구에는 끝이 없다는 생각이 들었습니다. 뮤지션이자 감독, 작가인 이랑을 비롯해 30명의 필자가 돌아가며 콘텐츠를 연재했던 "앨리바바와 30인의 친구친구" 같은 뉴스레터도 마찬가지였고요. 저 역시 각종 브랜드나 단체에서 보내는 뉴스레터 외에 개인이 만드는 뉴스레터도 함께 받아 본 적이 있는데, 이미 다양한 읽을거리를 접하고 있는 상황에서도 하나하나 놓치기 싫을 만큼 모두 재미있었습니다.

왜 뉴스레터여야 할까?

곰곰이 생각해 보면 뉴스레터는 개인이 만들기에 아주 적합한 콘텐츠 형식이 아닙니다. 이미 존재하는 플랫폼에 콘텐츠를 올려 빠르게 독자를 확보할 수 있는 것도 아니고, 메일을 구독한다는 건 그냥 웹에 뿌려진 콘텐츠의 제목을 클릭하는 것보다 훨씬 적극적인 행위이기 때문에 뉴스레터를 보내는 사람에 대한 신뢰가 필요하기도 합니다. "일간 이슬아"의 경우, 이전까지 거의 존재하지 않았던 시도라 새로웠다는 점, 작가 이슬아가 뉴스레터를 만들기 전부터 이미 글을 쓰고 그림을 그리는 작가로서 정체성을 보여 줘 왔다는 점 덕분에 빠르게 자리를 잡을 수 있지 않았나 싶어요. 매일, 한 달에 1만 원만 내면 전문가가 쓴 글을 내 메일함으로 받아 볼 수 있다는 건 매력적으로 느껴질 수밖에 없으니까요.

콘텐츠를 만드는 사람으로서 뉴스레터를 선택한다면, 다음과 같은 이유 때문입니다. 글이나 그림 등의 콘텐츠는 플랫폼 또는 매체에서 발행되지 않으면 수익을 얻기가 어렵습니다. 혼자 블로그에 올린다고 해도 수익이 보장되지 않죠. 한마디로 콘텐츠 창작자이지만 청탁을 받지 않는 이상 나의 콘텐츠로 돈을 벌기가 힘들다는 이야기입니다. "일간 이슬아"나 "매일마감"처럼 뉴스레터 방식으로 자신이 직접 콘텐츠를 구독자에게 전달하면, 청탁을 받지 않아도, 고정 연재처가 없어도 구독료 모델을 통해 수익을 낼 수 있는 창구가 생깁니다.

독자의 입장에서도 뉴스레터를 받아 볼 이유는 충분합니다. 실제로는 몇백 명에게 발송되는 메일이라 하더라도, 나의 개인 메일함으로 들어오는 이상 독자는 콘텐츠 생산자와 소비자가 일대일로 소통하는 것 같은 인상을 받게 됩니다. 바로 이런 장점 때문에 기업이나 미디어, 단체에서도 뉴스레터를 통한 소비자 커뮤니케이션을 점점 더 중요하게 생각하는 추세입니다. "뉴닉"처럼 각종 화제를 친근한 말투와 캐릭터로 전달하거나 스페이스오디티의 뉴스레터 "오디티 스테이션"처럼 직원 한 명 한 명의 취향과 말투를 살려 음악을 추천하며 구독자와 가깝게 소통하려고 하죠. 예전처럼 뉴스레터에 일방적인 홍보만 싣는다면, 메일 구독을 취소하거나 스팸으로 분류하는 소비자가 많아질 겁니다.

어떻게 만들까?

뉴스레터 전용 서비스를 따로 사용하지 않아도 뉴스레터를 만들 수 있습니다. "매일마감"은 콘텐츠를 피디에프PDF 파일로 만들어 메일에 첨부하고, 최근 뉴스레터 전용 서비스를 사용하기 시작한 "일간 이슬아"도 초기에는 평소 우리가 메일을 쓰듯이 본문에 바로 글을 붙여 넣었습니다. 한 호에 다양한 필자가 참여하는 전자와 한 명의 필자가 한 호흡으로 써 내려가는 글이 대부분인 후자의 차이가 형식에도 반영되었다고 할 수 있겠네요.

반면, 똑같이 다양한 필자가 참여했지만 한 호에 한 명의 콘텐츠만 실었던 "앨리바바와 30인의 친구친구"는 스티비Stibee라는 서비스를 이용해 뉴스레터를 만들었습니다. 이런 서비스를 사용할 경우 구독자를 좀 더 쉽게 관리할 수 있고, 누가 얼마나 메일을 열어 보고 어떤 링크를 클릭했는지 숫자를 확인할 수 있으며, 좀 더 정제된 디자인으로 뉴스레터를 만들 수 있습니다. 그야 말로 웹으로 보는 잡지에 더 가깝다고 할까요?

제가 일했던 빌라선샤인의 뉴스레터는 메일침프 Mailchimp라는 서비스를 이용했다가, 2020년부터는 스티비로 변경했습니다. 이 둘은 거의 비슷하지만 메일침프는 영어 기반, 스티비는 한글 기반이니 국내에서 사용하기에는 후자가 훨씬 편리합니다. 메일을 더 자유롭게 디자인할 수 있다는 점에서 메일침프가 더 낫다는 의견도 있지만, 둘 다 써 본 저는 개인적으로 스티비를 좀 더 선호합니다. 일단 뉴스레터의 디자인은 내용과 내용 사이에 구분선을 잘 넣기만 해도 그럴싸해 보이고, 스티비는 한글에 특화돼 있어 글을 완성했을 때 자간이나 행간이 메일침프에서 만든 것보다 훨씬 더 보기 좋거든요. 그렇지만 메일침프와 스티비 모두 사용하기 어렵지 않으니 일단 둘 다 계정을 만들어서 이것저것 건드려 본 다음 결정하길 권합니다. 참고로, 둘 다 구독자 수가 일정 이상을 넘어설 경우에는 매달 약간의 비용을 지불해야 합니다.

뭘 쓸까?

대부분의 뉴스레터는 정보 전달을 목적으로 합니다. 몰랐던 것을 알게 해 주는 콘텐츠, 알았지만 잘 알지는 못했던 것을 잘 풀어서 설명해 주는 콘텐츠는 꼭 필요한 것으로 느껴지니까요. 뉴스의 맥락을 짚어 주는 "뉴닉"이나 돈 관련 뉴스와 지식을 전달하는 "어피티" 등의 뉴스레터가 계속해서 인기를 얻고 있는 것은 그 때문이 아닐까 생각합니다.

그러나 우리가 바로 써먹을 수 있는 정보나 실용적인 팁만을 얻기 위해 무언가를 보는 것은 아닙니다. 실용적인 목적과 전혀 관계없는 좋은 글 또는 좋은 그림은 때로 우리를 더 잘 살아갈 수 있게끔 합니다.

픽션과 에세이의 경계에 있는 글을 주로 썼던 작가 이슬아는 이제 서평과 인터뷰로도 영역을 넓혔습니다. 보통 매체에서 진행하는 인터뷰가 인터뷰이의 시의성(지금 많은 관심을 받고 있는 사람)을 중요하게 여긴다면, 그의 인터뷰는 메시지의 시의성과 인터뷰를 진행하는 자신의 관심사를 중요하게 여기는 것처럼 보입니다. 인터뷰이에 비해 인터뷰어가 잘 드러나지 않는 기존 매체의 인터뷰와는 다른 방식으로, 자신과 상대방 모두를 적절히 드러내면서 깊이 있는 대화를 끌어갑니다.

저는 작가 이다와 동료들이 만드는 "매일마감" 중에서 '공포영화 대신 봐 드림'이라는 코너를 좋아했습니다. 공포영화를 직접 보긴 두렵지만 궁금한 독자를 위해 이다 작가가 영화를 대신 보고 내용과 감상을 자유롭게 써 내려가는 코너인데요, 아이디어나 분량, 형식 면에서 종이 잡지 등에서는 시도하기 어려운 기획입니다.

개인이 만드는, 이메일 뉴스레터라는 제약은 달리 생각하면 더 과감한 기획을 시도할 수 있는 기회가 되기도 합니다. 거기서 '이 뉴스레터를 굳이 왜 읽어야 하는가?'에 대한 답이 나올 수도 있겠지요.

어떻게 구성할까?

만일 뉴스레터 한 편에 여러 가지 내용이 들어가야 하는 경우라면, 메일의 특성에 맞게 구성을 고민해 봅시다. 메일은 스크롤을 내리며 위에서 아래로 읽게 됩니다. 우리가 웹페이지에서 스크롤이 조금만 길어지면 금세 지루함을 느끼듯, 메일도 구성이 너무 자주 바뀌며 스크롤을 오래 내려야 한다면 끝까지 읽지 못하는 구독자가 많을 거예요. 뉴스레터 안에서는 굳이 다양한 콘텐츠를 전달하려고 하지 말고, 가급적 단순하게 하나 혹은 두 개의 내용으로 꾸미는 편이 좋습니다. 위에서 아래로 쭉

훑으며 내용을 확인하기에 헷갈리지 않을 정도로만 구성합시다.

이렇게 선형적 읽기를 경험하는 매체에서는 흐름을 잘 짜는 것이 중요합니다. 어떤 이야기로 시작해 어떤 이야기로 메일에서 빠져나가게 할지 생각해 보세요. 최근 만들어지고 있는 뉴스레터는 보통 사적인 편지처럼 느껴지는 글을 최상단에, 광고를 최하단에 배치하는 추세인 것 같습니다. 빌라선샤인의 뉴스레터 역시 팀원들의 글로 내용을 열고, 프로그램 신청 소식이나 멤버십 모집 소식 등의 광고는 무조건 메일 최하단으로 뺐습니다. 메일을 열자마자 광고부터 보인다면 그동안 뉴스레터를 통해 구독자와 잘 쌓아 온 관계가 순식간에 무너질 수도 있고, 우리에게 관심이 많은 구독자라면 뉴스레터를 끝까지 읽고 광고까지 클릭할 확률이 높을 테니까요.

생각해야 할 것

1) 제목으로 낚시질하지 말자

일단 제목에 솔깃하면 메일을 클릭할 확률이 높아지겠지만, 제가 지금껏 경험해 본 바로는 '뉴스레터를 누가 보내는지'가 훨씬 중요한 것 같습니다. 꾸준히 정기적으로 좋은 콘텐츠의 뉴스레터를 보내면서 구독자와 관계를 쌓으면, 구독자는 그 신뢰를 바탕으로 해당 뉴스레터를 성실히 열어 보게 되겠지요.

물론 그럼에도 제목은 중요합니다. 오늘의 뉴스레터에 어떤 내용이 담겨 있을지 구독자의 호기심을 자극하고 힌트를 주는 역할을 하니까요. 그렇다고 해서 본문과 크게 관계없는 문장 또는 키워드로 제목을 쓰면 그야말로 '낚시'가 됩니다. 클릭률은 순간적으로 높아질 수 있겠지만, 장기적으로 구독자와 관계를 만들어 가는 콘텐츠인 뉴스레터의 특성상 '낚시'는 도리어 구독자를 잃는 행위가 될 수도 있습니다. 당장의 클릭 수보다 신뢰 구축이 우선입니다.

2) 창작자와 구독자의 거리

브랜드나 단체, 미디어가 아니라 정말로 개인으로서 뉴스레터를 만든다면, 창작자와 구독자의 거리가 가깝다는 매력은 때때로 단점이 되기도 합니다. 창작자에게 좋지 않은 피드백이 와도 그것을 중간에서 한 번 거르거나 창작자를 보호해 줄 플랫폼 또는 장치가 없으니까요. 나의 콘텐츠를 소비하는 사람과 직접적으로 소통하고 싶나요? 그럴 준비가 되어 있나요? 뉴스레터뿐 아니라 팟캐스트나 유튜브 등 생산자–소비자의 거리가 아주 가

까운 콘텐츠를 만들고 싶다면 이 질문을 진지하게 고민
해 봐야 할 것입니다.

8

{ 어디에든 쓸 수 있는 형식 }

잠시 복습하는 시간을 가져 볼까요. 앞에서 콘텐츠를 기획할 때는 큰 키워드를 여러 갈래의 더 작은 키워드로 쪼개는 작업이 필요하다고 말씀드렸습니다. 이 작업을 하다 보면 '그래서 이 작은 키워드를 어떻게 콘텐츠로 구체화해야 하나?'라는 질문이 자연스럽게 떠오를 거예요. 평소에 많은 자료를 봐 둬야 하는 가장 큰 이유가 이 때문입니다. 키워드에 따라, 목적에 따라 꼭 맞는 형식을 빠르게 떠올릴 수 있게 되거든요.

여기서 말하는 '형식'은 앞 장에서 설명한 '매체'와 전혀 다릅니다. 책, 잡지, 팟캐스트, 뉴스레터 같은 '매체'가 내가 만들고자 하는 콘텐츠를 담아내는 그릇이라면,

이제부터 설명할 '형식'은 머릿속에 있던 아이디어를 눈에 보이고 귀에 들리는 콘텐츠로 전환하는 구체적인 기술입니다.

아마 수많은 형식이 있겠지만, 저는 여기서 인터뷰와 리뷰, 정보 큐레이션을 중점적으로 소개하겠습니다. 책이든 잡지든, 음성이든 영상이든, 매체를 가리지 않고 적용할 수 있는 형식이기 때문입니다. 기본기를 잘 익혀두면 이후 여러 가지로 응용할 수도 있고요.

(1) 인터뷰

기자로 일할 때는 기자 외에는 누구도 인터뷰에 관심을 두지 않는다고 생각했습니다. 그런데 워크숍을 해 보면, 참석자 중 꽤 많은 분이 인터뷰 잡지를 좋아한다고 하거나 인터뷰를 해서 콘텐츠를 만들고 싶다고 이야기하더라고요. 한번은 제가 일하고 있는 커뮤니티의 멤버 한 분이 인터뷰하는 법에 관한 모임을 열었는데, 어느 때보다 반응이 뜨거웠습니다.

자신의 콘텐츠를 만들고 싶어 하는 분이 한 번쯤은 염두에 두는 형식이 바로 이것, 인터뷰 아닐까 생각합니다. 다양한 사람의 이야기를 다양하게 듣고 콘텐츠로 가공할 수 있으니 좋고, 처음부터 끝까지 모두 기획하고 원고를 작성해야 하는 다른 형식과 달리 인터뷰를 하기만 하면 재료는 일단 확보되는 것이니 더 쉽게 느껴지기도 할 것 같아요. 인터뷰는 정말 누군가를 섭외해서 이야기를 듣고 그대로 옮기기만 하면 완성되는 걸까요?

간단히 설명하자면, 인터뷰는 다른 사람의 이야기를 듣고 만드는 콘텐츠입니다. 인터뷰하는 사람을 인터뷰어, 인터뷰를 받는 사람을 인터뷰이라고 합니다. 인터뷰는 사람과 사람 사이에서 일어나는 작업이라는 점, 미리 어느 정도 계획을 하고 들어가도 인터뷰를 하는 사람과 받는 사람 모두 '사람'이기 때문에 높은 확률로 변수가 생긴다는 점에서 매우 흔하게 사용되지만 결코 쉽지 않은 기술이기도 합니다.

저도 인터뷰를 한 번도 해 보지 않았을 때는 그냥 두 사람이 대화를 나누고 그것을 순서대로 글이나 영상 등으로 풀어내면 최종 콘텐츠가 되는 줄 알았습니다. 당연히 아니지요. 인터뷰는 인터뷰한 내용을 미가공 자료로 삼아, 섬세한 기획과 편집을 거쳐야만 완성됩니다. 그리고 '이 사람의 이야기를 내가 재미있게 들은 것만큼 어떻게 재미있고 의미 있는 콘텐츠로 옮길 것인가?'라는 난제가 기다리고 있기도 합니다. 우리는 누구에게, 어떤 이야기를 듣고, 무엇을, 어떻게 보여 줘야 할까요? 여기서는 기본적으로 글 인터뷰를 상상하며 설명하겠지만, 영상이나 음성 콘텐츠 만드는 법에 대입해도 크게 다르지 않을 것입니다.

언제 인터뷰를 할까?

인터뷰는 주로 내가 궁금한 사람이 있을 때, 지금 많은 이의 관심을 받고 있는 누군가의 이야기를 직접 듣고 싶을 때, 그 사람 자체는 크게 유명하지 않지만 그 사람을 통해서 듣는 이야기가 의미 있다고 판단될 때 진행합니다. 어떤 주제에 관한 콘텐츠를 만들려고 누군가를 취재하는 과정에서도 인터뷰를 하고는 하지요. 요즘 인기 있는 창작자나 전문가를 인터뷰할 수도 있겠고, 특정한 산업의 부조리나 시스템을 밖으로 알려 줄 사람을 인터뷰할 수도 있습니다. 반드시 대중적으로 인지도가 있는 사람이 아니어도 괜찮습니다. 내가 만들고 싶은 콘텐츠의 성격에 잘 맞고, 기획 의도와 연결된 이야기를 들려줄 수 있는 사람, 인터뷰를 하고 싶고 해야만 하는 이유를 명확히 댈 수 있는 사람이면 인터뷰이로 적합합니다.

어떻게 진행할까?

"그 사람을 어떤 방향이나 흐름으로 인터뷰할 건지 간단히 저에게 알려 주세요." 기자로 일할 때 누군가를 인터뷰하러 가기 전, 편집장님은 언제나 저에게 이렇게 말했습니다. 처음에는 '인터뷰를 하면 하는 거지, 방향이나 흐름이 무슨 상관일까?' 하고 의문을 품기도 했지만 일을 할수록 그것이 인터뷰에서 가장 중요한 부분이라는 사실을 알게 되었습니다.

가상으로 누군가를 인터뷰한다고 해 보겠습니다. 제가 개인적으로 아주 좋아하는 송은이를 인터뷰한다고 가정할게요. '송은이를 인터뷰한다.' 이 정도로는 기획이라고 하기 어렵습니다. 지금 왜 이 사람을 인터뷰해야 하는지 목적을 먼저 고려해야 합니다(잊지 않으셨겠죠? 모든 콘텐츠에서 가장 중요한 부분은 '왜?'라는 질문이라는 것 말입니다). 지금 가장 뛰어난 콘텐츠 기획자이자 제작자로서 이 사람의 이야기를 듣고 싶기 때문에, 혹은 예능 산업 속에서 여성의 현실에 대해 이야기해 줄 수 있기 때문에, 경력이 긴 여성 예능인, 그러니까아주 숙련된 직업인으로서 인터뷰할 수 있을 것입니다. 팟캐스트 『비밀보장』 제작 방법에 관해서만 집중적으로 들어 볼 수도 있겠지요.

섭외 대상과 방향성을 정했다면, 이 인터뷰를 어떤 방법으로 진행할지도 생각해야 합니다. 방법은 아주 크게 세 가지로 나눌 수 있겠네요. 첫 번째, 서면 인터뷰입니다. 메일 등을 통해 질문지를 미리 보내고, 그에 대한 답을 인터뷰이 역시 메일 등으로 작성해서 들려주는 방식입니다. 보통 시간이 부족하거나, 자신의 생각을 글로 충분히 다듬은 다음 내놓고 싶어 하는 인터뷰이가 선호합니다. 대부분 중언부언하기 마련인 말에 비해 글은 조금 더 정확하기 때문에 교차 확인이 비교적 쉽다는 점, 인터뷰한 내용을 녹음해서 글로 푸는 수고를 추가로 할 필요가 없다는 점이 장점입니다. 그 대신 인터뷰이가 고정된 질문에 답변하기 때문에 추가 질문이 필요할 경우 다소 번거롭다는 점, 인터뷰가 현장에서 실시간으로 진행될 때 나올 수 있는 다양한 이야기가 원천적으로 불가능하다는 점 등은 단점이지요. 인터뷰어와 인터뷰이가 한 장소에서 얼굴을 마주 보고 이야기를 나눌 때만 만들어지는 예상치 못한 좋은 순간이 있으니까요.

두 번째, 전화 인터뷰입니다. 서면과 마찬가지로 시간이 부족할 때, 취재를 목적으로 한 인터뷰가 필요할 때, 짧은 인터뷰를 진행할 때 주로 이용하는 방식입니다. 상대방의 표정을 보며 인터뷰의 흐름을 조정해 나갈 수 있는 대면 인터뷰에 비해 상호 작용이 다소 아쉽긴 하지만, 서면 인터뷰에 비하면 실시간 대화가 가능하니 나쁘지 않은 방식이기도 합니다.

마지막으로, 가장 일반적인 대면 인터뷰가 있습니다. 말 그대로 얼굴을 보고 함께 대화하듯 진행하는 방식의 인터뷰예요. 인터뷰이와 인터뷰어의 호흡이 잘 맞지 않을 경우, 혹은 인터뷰어의 준비가 미흡한 경우 좋지 않은 인터뷰가 나올 수도 있다는 어려움이 있지만(이 점은 서면과 전화 인터뷰도 마찬가지입니다) 특별한 이유가 없다면, 저는 대면 인터뷰를 가장 추천합니다.

섭외

섭외는 간과되기 쉽지만 인터뷰에서 무척 중요한 과정입니다. 아는 사람을 섭외하든 아니든, 상대방에게 내 머릿속에 있는 기획을 정확하게 전달해서 이 인터뷰가 상대방에게도 좋게 작용할 것임을 잘 안내해야 하니까요. 누구를 섭외하느냐에 따라 콘텐츠의 종류와 질이 달라지기도 하고요.

섭외는 주로 전화나 메일을 통해 하게 되는데, 저는 전화로 간단하게 상황을 요약한 다음 자세한 내용을 메일로 다시 안내드리겠다고 말하는 편입니다. 요즘은 불

쑥 걸려 오는 전화를 반기지 않는 분도 많기 때문에 문자로 먼저 인사를 하고 이어서 메일을 보내는 경우도 많습니다.

섭외 메일을 보낼 때는 인터뷰이에게 가능한 한 자세히 정보를 전달해야 합니다. 왜 이 인터뷰를 하는지, 인터뷰가 어떤 형태로 언제쯤 발행되는지, 어떤 기획인지, 사진이나 영상 촬영이 필요한지, 그 경우 따로 의상 협찬이나 헤어메이크업 담당자가 붙는지, 진행 시간은 얼마나 걸리는지, 인터뷰 수락 여부는 언제까지 회신을 주면 되는지, 결정에 참고할 기존의 인터뷰 자료가 있는지, 인터뷰에 대한 비용이 따로 책정되어 있는지 등등. 상대방의 입장에서 인터뷰에 응할 경우 무엇이 좋은지도 함께 설명할 수 있다면 더욱 효과적이겠지요. 이 중 비용에 관해서는 마지막에 한 번 더 이야기하도록 하겠습니다. 아무튼 이 정도 내용을 모두 포함해서 섭외에 들어가고, 상대방이 수락하면 서로 일정을 조율해 인터뷰를 진행합니다.

질문 뽑기

인터뷰에 대한 오해 중 하나는 인터뷰가 현장에서 인터뷰어와 인터뷰이가 자유롭게 나누는 대화를 정리한 콘텐츠라는 것입니다. 생각해 봅시다. 한정된 시간에, 목적 없이 나눈 대화를 글이나 영상이나 음성으로 풀 경우, 다른 사람이 굳이 읽거나 보거나 들을 만한 가치가 있을까요? 현장에서 나오는 대로 대화를 하는 것이 아니기 때문에 인터뷰 질문은 반드시 미리 짜 둬야 합니다. 앞서 언급했듯 '이 사람을 어떤 각도/목적/이유에서 인터뷰하는가'에 맞춰 질문을 뽑아야겠지요. 보통 1시간짜리 인터뷰를 한다고 할 때, 질문을 20개 정도는 뽑아 놔야 소위 '마'(대화가 자연스럽게 이어지지 않아 침묵이 흐르는 구간)가 뜨지 않습니다.

저는 인터뷰이와 관련된 정보를 모두 찾아본 다음 더 궁금한 부분, 다른 곳에서도 이미 얘기를 하기는 했지만 이 인터뷰로 처음 접할 사람에게 꼭 알려야 할 부분, 새로운 이야기 등을 체크해서 질문을 짭니다. 처음부터 기획 의도에 맞는 질문만 짜도 되고, 우리가 콘텐츠의 씨앗을 찾아볼 때 사용했던 방법처럼 떠오르는 질문을 일단 다 써 본 다음 거기서 기획 의도에 맞는 것을 추리는 방식으로 정리해도 됩니다.

한편, 인터뷰이와 관련된 정보도 최대한 보지 않고, 굵직한 키워드 외에 상세한 질문은 준비하지 않는 인터뷰어도 많습니다. 준비를 하지 않는 게 아니라 이편이 현장성을 더 살리면서 생각지 않은 상대방의 답변에 유연하게 대응 가능한 경우도 있기 때문이지요. 정보를 다 알고 인터뷰에 임하면, 해야 하는 질문을 '내'가 아는 이야기라고 무의식적으로 건너뛸 수도 있고, 인터뷰이에 대한 호기심을 유지하기가 어려울 수도 있습니다. 그렇지만 저는 인터뷰에 아직 익숙하지 않은 분에게 이 방법을 권하고 싶지는 않습니다.

처음에는 정석대로 인터뷰를 진행하다가, 익숙해졌다 싶을 무렵 자신에게 맞는 방법을 찾아보세요. 대체로 저는 질문의 순서까지 짜 놓는 편이 편하더라고요. 저의 지인 중에는 1-a, 1-b 하는 식으로 인터뷰이의 답변이 갈릴 것을 예상하고 여러 방향의 질문을 꼼꼼하게 짜는 분도 있습니다. 뭐든 처음에는 최대한 꼼꼼하게 준비하는 게 나을 겁니다. 인터뷰어가 불안하거나 초조해하는 것은 현장에서 바로 티가 나기 마련이니까요.

인터뷰하기

서면 인터뷰의 경우에는 질문지를 보내고, 답변 마감 기한과 답변에 따라 추가 인터뷰가 진행될 수도 있음을 미리 알립니다. 전화 인터뷰는 통화 시간을 정하면 되겠죠.

대면 인터뷰라면 짜 놓은 질문을 가지고 진행합니다. 인터뷰를 하는 사람도 받는 사람도 긴장하기 마련이므로, 분위기를 부드럽게 하는 용도로 3-4개 정도는 아예 주제와 관계없는 질문을 하는 게 좋습니다(의외로 이 부분에서 좋은 대답이 나오는 경우도 있어요).

인터뷰이가 예상치 못한 답변을 했을 때는 당황하지 말고 자연스럽게 진행하는 게 중요합니다. 무리해서 내가 준비한 질문으로 끌어오려고 하는 대신, 그에 대한 이야기를 아무렇지 않게 이어 가다가 다시 기획 의도에 맞는 질문을 던져 보는 것이죠. 아주 커다란 원을 그리면서 인터뷰한다고 상상해 보세요.

만약 인터뷰이의 말을 제대로 알아듣지 못했다면, 알아들은 척하며 넘어가기보다 그게 무엇인지 정확히 설명해 달라고 바로 요청하는 편이 좋습니다. 그래야 나중에 녹취를 풀 때 헷갈리지 않습니다.

여기에 더해 마감이 코앞이라거나 하는 정말 급한 경우가 아니라면 인터뷰이 앞에서 노트북으로 답변을 받아 치지 말고, 녹음기나 휴대폰 녹음 앱을 이용해 녹음해서 나중에 녹취 풀기를 권합니다. 대화의 상대방이 내 앞에서 나의 답변을 모두 받아 친다고 생각하면 누구나 다소 경직될 수밖에 없고, 인터뷰이에게는 대화를 나누고 있다는 느낌을 주기도 어렵거든요. 그 대신 인터뷰이의 이야기를 들으면서 추가 질문을 할 만한 게 있는지, 어떤 방향으로 대화를 확장시키면 좋을지, 나중에 콘텐츠를 만들 때 꼭 살리면 좋을 것 같은 부분이 있는지 등등은 틈틈이 메모합니다.

인터뷰를 할 때 절대 잊지 말아야 할 것이 있습니다. 인터뷰란 둘 사이의 사적인 대화가 아니라, 듣거나 보거나 읽는 제삼자를 가정하고 나누는 대화라는 점이요. 이것을 기억해야 이후에 콘텐츠를 접할 사람을 소외시키지 않는 인터뷰를 할 수 있습니다. 인터뷰어와 인터뷰이 둘 다 아는 이야기라고 해서 짚지 않고 넘어가면 보는/듣는/읽는 사람은 어리둥절할 수밖에 없죠. 콘텐츠를 접할 사람이 인터뷰이에 대해 어느 정도 수준의 정보를 가지고 있을지 상정하도록 합시다. 인터뷰이와 인터뷰어가 아무리 친하다고 해도 친분을 과하게 드러내는 것은 피해야겠죠. 인터뷰란 잘 편집된 재미있는 토크쇼에 가깝다는 것을 늘 생각해 주세요.

녹취 풀기 및 편집

이제 녹음한 인터뷰를 글로 풀고 편집할 차례입니다. 녹음한 내용을 들으면서 문서 작성 프로그램으로 작성합니다. 완벽한 문장으로 쓰지 않아도 괜찮아요. 어차피 편집 과정을 거쳐야 하니 알아볼 정도로만 대강 풀어 둡니다. 아마 처음에는 이 과정에 시간이 많이 걸릴 텐데요(신입 기자 시절의 저는 1시간짜리 인터뷰 녹음을 푸는 데 3시간 정도가 걸렸습니다), 반복할수록 익숙해질 테니 너무 걱정하지 마세요.

인터뷰의 최종 완성본은 실제로 대화를 나눈 순서와 달라지기 마련입니다. 일상생활에서 나누는 대화를 떠올려 보세요. 사람들은 대부분 주어와 술어를 정확하게 맞춰서 이야기하지도 않을뿐더러, 목적과 방향이 어느 정도 정해져 있다 해도 대화가 순서에 따라 체계적으로 흘러가지 않습니다.

이따금 인터뷰어가 인터뷰이의 이야기를 잘 이해하지 못해 되묻거나, 인터뷰이가 인터뷰어의 질문을 잘못 이해해 다른 대답을 하거나, 인터뷰에 포함되지 않아도 될 이야기가 들어가기도 하죠. 이 질문에 대한 답변으로 예상했던 것이 저 질문에 대한 답변으로 등장하기도 합니다. 흐름이 뚝뚝 끊긴 대화를 하나의 이야기로 보이게끔 맥락을 잘 정리합니다.

글을 쓸 때 기승전결을 고려하듯, 인터뷰도 마찬가지입니다. 어떤 이야기로 시작해서 어떤 방향으로 끌어

가며 이 사람을 보여 줄지, 어떻게 이야기를 더 흥미롭게 전달할지 고민해 봅시다. 인터뷰의 편집이란 오디션 프로그램의 '악마의 편집'이 아닙니다. 인터뷰이가 하지 않은 말을 덧붙이거나 인터뷰이의 이야기를 전혀 다른 질문 밑에 따다 붙여서 조작을 하라는 게 아니에요. 인터뷰의 맥락을 기획자인 내가 정확히 파악하고, 편집 과정에서 그것을 잘 다듬어야 한다는 뜻입니다.

콘텐츠로 다듬기

최종 완성 단계에서도 고려해야 할 부분이 많습니다. 인터뷰를 존댓말로 정리할까요, 반말로 정리할까요? 보통 음성이나 영상은 인터뷰 당시의 상황이 그대로 담기게 되니 존댓말로 정리하는 경우가 많지만, 글은 어떤 어투로 정리하느냐에 따라 분위기가 무척 달라집니다. 존댓말로 정리할 경우 인터뷰이가 한 말을 거의 그대로 옮기게 되기 때문에 그의 캐릭터를 잘 보여 줄 수 있고, 반말로 정리할 경우 인터뷰가 훨씬 더 단정해지고 공적인 대화라는 느낌이 강해집니다. 반면, 반말로 정리된 인터뷰는 단언하는 것처럼 보여서 다소 부담스럽다는 인터뷰이를 본 적도 있어요. 둘 다 나름의 장단점이 있으니 인터뷰이의 캐릭터와 인터뷰의 목적에 따라 잘 활용해 봅시다.

인터뷰에 질문을 함께 쓸 것인가, 패션지 등에서 자주 볼 수 있는 것처럼 상황 묘사와 답변을 섞어 쓰는 '피처' 형식으로 정리할 것인가, 혹은 인터뷰 답변만 편집해서 일인칭 시점으로 정리할 것인가도 중요합니다.

가장 일반적인 방법인 질문과 답변을 함께 정리한 인터뷰는 읽기도 편하고 인터뷰어가 어떤 관점으로 이 사람을 인터뷰하고 이야기를 이끌어 갔는지 잘 보여 줍니다. 예컨대 'Q: 당신에게 연기란 어떤 의미인가요? A: 인생을 살아 볼 만한 것으로 느끼게 하는 거죠'라는 식으로 질문과 답변을 정확히 나누어 기록하는 방식이죠.

한편 피처 형식은 보통 인터뷰이가 아주 유명한 사람일 때 선택하는 방법입니다. 『지큐』 등의 잡지에서 할리우드 배우나 가수 등을 인터뷰하고 '○○○는 운동을 막 끝낸 차림으로 현장에 도착했다. 운동하는 시간이 좋았는지 아주 생기 있는 얼굴이었다. "오랜만에 달렸더니 기분이 좋네요." 그가 건넨 첫마디였다'처럼 쓴 글이라고 생각하시면 됩니다(이해를 돕기 위해 제가 임의로 아무렇게나 쓴 문장입니다. 실제 잡지에 실리는 글은 당연히 이것보다 훨씬 좋습니다). 행동이나 인터뷰이의 배경을 세세하게 묘사할 수 있으니 좋지만, 자칫하면 과한 의미 부여가 될 수도 있으므로 주의합시다.

　마지막으로 일인칭 시점으로 답변만 이어 붙여 정리하는 방식은 인터뷰어의 질문이나 개성이 크게 드러나지 않아도 될 때, 인터뷰이가 직접 말하는 것처럼 보여 주는 게 더 효과적이라고 판단될 때 선택합니다. 아까처럼 현장에서 인터뷰어가 '당신에게 연기란 어떤 의미인가요?'라는 질문을 하고 인터뷰이가 '인생을 살아 볼 만한 것으로 느끼게 하는 거죠'라고 답변했다고 칩시다. 실제로는 질문과 답변이 오가는 방식의 인터뷰였으나 원고에서는 '저에게 연기란 인생을 살아 볼 만한 것으로 느끼게 하는 거죠'라는 식으로 답변만 이어 붙여 인터뷰이가 혼자 쭉 이야기한 것처럼 정리하는 겁니다. 길이가 긴 인터뷰일 경우 가독성이 떨어질 수도 있다는 사실을 고려해 주세요.

주의해야 할 점

1) 녹음기를 잘 체크하자

말 그대로입니다. 녹음이 잘되는지 반드시 미리 체크하고 인터뷰를 합시다. 저에게는 당황했던 경험이 딱 한 번 있는데요, 휴대폰 녹음 앱으로 녹음을 잘했다고 생각했지만 저장 공간이 부족해 내용의 절반 정도가 날아가

버린 적이 있습니다. 인터뷰가 끝나자마자 그 사실을 알게 되어 바로 노트북 앞에 앉아 질문 순서대로 답변을 되짚어 보며 써 내려갔습니다. 다행히 개인적으로 무척 흥미롭게 들으며 진행한 인터뷰였고, 인터뷰가 마무리된 지도 얼마 지나지 않아 인터뷰이의 답변을 쉽게 떠올릴 수 있었지만 그렇지 않았다면 인터뷰를 다시 잡아야했을 거예요. 무엇으로 녹음하든 기능에 이상은 없는지, 저장 공간은 넉넉한지 반드시 확인한 후 인터뷰에 사용합시다.

2) 인터뷰 비용에 관해 생각하자

인터뷰이에게 비용을 지불하는 것이 매체의 일반적인 관행은 아닙니다. 그러나 일반적인 관행이 아니라고 해서 그것이 올바른 방법이라는 얘기는 아니죠. 인터뷰이가 돈을 받고 인터뷰어가 원하는 방향의 대답을 할 가능성이 있으니 취재를 할 때는 비용을 지불하지 않는다는 원칙이 있다고는 하지만, 취재든 인터뷰든 인터뷰이의 시간과 노하우와 정보를 빌려서 만드는 일이라는 사실을 잊지 맙시다. 만약 여유가 된다면 적절한 비용을 책정하고, 어렵다면 인터뷰를 진행하는 동안 식사나 차를 대접하는 것이 좋습니다. '의미 있는 일이니까, 의미 있

는 콘텐츠가 될 테니까 인터뷰도 그냥 해 주세요' 같은
태도로는 인터뷰이를 설득하기 어려울지도 모릅니다.

3) 인터뷰이를 보호하자

인터뷰는 인터뷰이의 솔직한 모습을 드러내기 위한 작
업이 아닙니다. 인터뷰를 하다 보면 종종 바깥으로 알려
지는 게 좋지 않을 이야기가 나오기도 하는데, 저는 가
급적 그런 부분을 다 제외하고 콘텐츠를 만드는 편입니
다. 시간과 수고를 들여 인터뷰를 해 주었는데 인터뷰이
에게 불리한 결과물이 나와서는 안 될 테니까요. 물론
논쟁적인 부분을 일부러 부각하기 위한 인터뷰라면 이
러한 콘셉트라는 사실을 인터뷰이에게 미리 알리고 동
의를 구해도 좋을 것입니다. 인터뷰가 끝난 후 결과물이
발행되기 전 미리 공유할 수 있느냐고 물어 오는 인터
뷰이가 있는데, 아주 예민한 경우가 아니라면 보여 주되
틀린 점이나 공개되면 곤란한 이야기 정도만 정정할 수
있다고 알려 주는 편이 낫습니다. 인터뷰이를 보호하는
것도, 인터뷰어로서 편집권을 지키는 것도 중요합니다.

4) 삭제된 부분에도 이야기가 있다

목적과 기획에 따라 인터뷰를 진행하고 편집하다 보면

반드시 버려지는 이야기가 있습니다. 이 버려진 부분은 이번 기획에 맞지 않아 삭제됐을 뿐, 쓸모없는 것이라고 여기지는 맙시다. 삭제된 이야기에도 인터뷰이의 일면이 숨어 있음을, 그 역시 똑같이 흥미로운 부분임을 기억하세요. 이러한 생각을 늘 하고 있어야 현장에서 인터뷰를 하는 도중에도 머릿속으로 너무 즉각적으로 답변의 쓸모를 판단하지 않을 수 있습니다.

(2) 리뷰

무언가를 보거나 읽거나 체험한 후 그에 대한 평가 혹은 감상을 남기는 것이 리뷰입니다. 리뷰는 인터뷰와 더불어 자주 활용되는 형식이기도 합니다. 책이나 잡지에서 흔히 볼 수 있는 서평도, 영화나 드라마, 웹툰 등을 다룬 글이나 유튜브와 팟캐스트 방송도, IT 기기 등을 써 보고 그에 대한 평을 남기는 "디에디트"의 글 또한 리뷰입니다. 많은 사람의 관심사가 라이프스타일 전반으로 넓어지면서 리뷰의 범위도 점차 확장되고 있는 것 같아요.

무엇을, 어떤 관점에서 리뷰할까?

당연한 말이지만, 무엇을 어떻게 다룰지는 리뷰 콘텐츠

에서 가장 중요한 요소입니다. 특히 리뷰에서는 그 콘텐츠를 만드는 사람에 대한 신뢰도가 큰 비중을 차지합니다. 이 사람이 어떤 관점으로 무엇을 리뷰하는지, 그리고 그것이 얼마나 믿을 만한지 보는 이는 확실하게 확인하고 싶어 합니다. 이를테면 유튜버 김겨울이 책을 요약해 주는 것이 아니라 책을 권하는 방식으로 리뷰한다는 사실을 알고 나면, 책을 읽지 않고도 읽은 기분을 내고 싶은 사람이 아니라 책에 대해 더 잘 알고 싶고 다른 사람의 관점을 궁금해하는 사람이 모여들 것입니다. 만약 영화를 리뷰한다면, 작품을 파고들지 캐릭터에 집중할지 작품 속 여성에 관해 이야기할지 장르나 감독을 주로 다룰지 등등을 미리 정해야 해요. 단순히 작품 자체를 리뷰하는 건 정말 많은 사람이 하고 있고, 그 분야에는 전문가가 이미 너무 많이 포진하고 있으니까요.

리뷰에서 다룰 소재의 범위를 좁힐수록 더욱 흥미로운 리뷰 콘텐츠가 되기도 합니다. 빵 중에서 식빵만 리뷰하는 건 어떨까요? 돈까스만 하는 것은요? 저는 트위터에서 돈까스만 열심히 리뷰하고 한 해가 지나면 최고의 돈까스를 뽑는 분을 본 적이 있습니다. 언뜻 보기에는 전혀 맛이 없을 것 같은 과자, 즉 '괴과자'만 리뷰하며 얼마나 맛이 기이한지 또는 의외로 먹을 만한지 이야기할 수도 있을 것입니다. 대개는 정보가 필요해서 리뷰 콘텐츠를 이용하게 되지만, 이 경우에는 리뷰 자체로 재미가 생기기 때문에 더 넓은 독자/구독자/시청자를 확보할 수 있습니다.

어떻게 리뷰할까?

기자로 일할 때 혹독하게 훈련한 것이 리뷰 쓰는 법이었습니다. 매일 드라마나 예능 프로그램을 보고, 하나의 관점을 잡아서 글을 써야 했거든요. 그냥 넋 놓고 프로그램을 보다가 막상 리뷰를 쓰려고 하면 기억나지 않는 부분이 많았습니다. 재미있다 혹은 재미없다 정도의 애매한 인상만 남아 있을 때가 대부분이었죠.

만약 영화나 드라마 관련 리뷰 콘텐츠를 만들고 싶다면, 보면서 반드시 메모를 해야 합니다. 인상적이라고 생각하는 대사와 장면, 어떤 부분에서 떠오르는 일차적인 감정이나 느낌도 적어 둡니다. 짜증 나, 이거 너무 웃기다, 쟤는 왜 저러는 거야, 저건 너무 좋네, 눈물이 나네 등등 바로 떠오르는 생각과 이 생각이 떠오르는 부분을 함께 쓰는 것이죠. 그리고 작품이 끝난 후, 메모를 찬찬히 들춰 보며 내가 왜 그 부분에서 그런 느낌을 받았는지 되짚어 봅니다. 캄캄한 극장에 앉아 잘 보이지도 않는 메모지에 이런저런 글을 마구 휘갈겨 쓰고 나면 뭐라고 썼는지 저조차 알아보지 못할 때도 있지만, 쓰지 않는 것보다 낫습니다. 재미있었다면 무엇 때문인지, 반대로 재미가 없었다면 또 무엇 때문이었는지 잘 고민해 보고 거기서 나의 관점을 명확하게 잡아 작품에 대해 이야기해 봅시다. 그저 '재미있었다' 또는 '재미없었다'라는 표현을 글에 사용하는 것은 개인의 감상일 뿐 다른 사람이 굳이 읽거나 봐야 할 리뷰가 아니니까요.

작품이 아니라 앞에서 언급한 식빵을 리뷰한다면, 어떻게 해야 할까요? 식빵 분야의 전문가라면 식빵의 맛에 관해 본격적으로 진지한 리뷰를 작성할 수도 있겠으나, 그렇지 않다면 기준 삼을 만한 항목을 조금 재미있게 뽑아 봐도 좋겠습니다. 포장 상태, 식빵 한 장의 두께, 찢었을 때 단면의 결, 가격, 잼과 어울리는 정도 등등으로요. 너무 터무니없는 기준을 세워서는 안 되겠지만, 독창적인 기준을 만드는 것은 콘텐츠를 만드는 나의 캐릭터를 드러낼 수 있는 좋은 방법이기도 합니다.

주의해야 할 점

1) 기본적인 정보를 틀리지 말자

리뷰에서 사실은 신뢰도와 직결됩니다. 작품을 다루는

데 가장 기본이라고 할 수 있는 배우나 감독의 이름, 심지어 제목 등을 틀린다면 사람들이 그 리뷰를 믿고 볼 수 있을까요? 책도 마찬가지입니다. 작가나 책 속 주인공의 이름, 줄거리를 틀린다면 곤란하겠죠. 리뷰란 말하는 이의 권위가 중요한 콘텐츠이기 때문에 정보를 틀리지 않는 것은 기본 중의 기본입니다. 내가 확실히 알고 있다고 생각하는 부분도 콘텐츠로 발행하기 전 포털사이트 검색 등을 통해 정확히 파악하고 쓰도록 합시다. 사람의 기억이란 완벽하지 않아서, 의외로 사소한 부분에서 틀리게 알고 있는 경우가 많거든요.

2) 과장하지 말자

저에게 일을 알려 주었던 선배가 자주 지적한 부분이 있습니다. 제가 무의식적으로 '가장', '제일', '둘도 없는', '단 하나뿐인' 같은 수식어를 종종 사용한다는 거예요. 리뷰로 다루는 무언가에 대한 좋고 나쁨을 언급하기 위해 이런 수식을 자주 사용할 수 있지만, 과연 정말로 이런 수식이 어울리는지 다시 한 번 생각해 봅시다. 내가 세상의 모든 것을 경험해 본 게 아니라면 과장된 수식은 보는 이에게 정보도 의미도 없는 말일 뿐입니다. '가장', '단 하나뿐인' 같은 손쉬운 표현 말고, 내가 생각하고 느낀

점을 어떻게 더 구체적으로 잘 표현할 수 있을지 고민해 봅시다. 스스로 책임질 수 있는 문장을 써 보세요.

3) 뒤에 사람이 있다는 사실을 기억하자

좋지 않은 무언가를 신랄하게 '까는' 콘텐츠를 읽거나 보면 속이 시원해질 때가 있습니다. 내가 생각한 바를 대신해서 가감 없이 비판해 주니까요. 하지만 무엇이든 그 뒤에는 사람이 있고, 따라서 선을 넘은 비판이나 비난은 누군가에게 상처를 줄 수도 있다는 사실을 기억하도록 합시다. 내가 다루는 소재와 관련된 사람을 존중해야 합니다.

4) 나의 관점을 또렷하게 보여 주자

이 글을 시작하면서도 말했지만, 결국 좋은 리뷰를 만드는 것은 또렷한 관점입니다. 리뷰 콘텐츠 기획의 팔 할은 여기에 달려 있다고 해도 과언이 아닙니다. 리뷰를 만드는 내가 어떤 것을 좋아하는지, 무엇을 좋고 나쁘다고 생각하는지, 어떤 기준을 가지고 있는지 드러나지 않는다면 사람들이 이것을 왜 봐야 할까요? 관점이란 맞고 틀림을 나누는 기준이 아닙니다. 소재나 주제를 바라보는 고유한 렌즈를 의미하는 것이지요. 다른 누군가의 기준이나 말에 휘둘리지 말고, 나의 렌즈를 더 선명하게 뽀득뽀득 닦아 보세요.

(3) 정보 큐레이션

어떤 정보 하나를 찾으려다가 지칠 때가 많습니다. 정보가 없기 때문이 아니에요. 정보는 어디에서든 넘쳐나는데 정작 제가 원하는 정보는 찾기 어렵고, 원하는 정보를 찾더라도 양질의 정보가 아닌 경우가 있기 때문입니다. 요즘은 정말로 도처에 정보가 널려 있는 시대죠. 검색사이트와 포털사이트에도 잡지나 책에도 커뮤니티 게시판에도 SNS에도 유튜브에도 있습니다. 정보가 너무 많기 때문에 그 속에서 필요한 양질의 정보를 잘 골라내어 소개하는 콘텐츠, 즉 '정보 큐레이션'의 역할이 점점 더 중요해지고 있지 않나 싶습니다.

무엇이 정보 큐레이션일까?

'큐레이션'curation이라는 단어 자체는 익숙하지만, '정보 큐레이션'이라고 하면 어렵게 느껴지는 분도 있을 것 같습니다. 사실 우리가 평소에 온갖 매체를 통해 접하는 대부분의 콘텐츠는 정보 큐레이션에 가까워요. 잡지를 펼쳐 봅시다. '지금 꼭 가 봐야 할 맛집 5곳' 또는 '겨울에 읽기 좋은 책 3권' 등등의 기사가 있겠지요? '요즘 뜨는 배우 ○○○의 A to Z' 같은 것도 있겠고요. 그렇습니다. 이 모든 게 다 정보 큐레이션, 즉 정보성 콘텐츠입니다.

조금 더 자세히 설명하자면, (정보를 선별했다는 점에서 이미 가치 판단을 거친 것이지만) 만든 이의 가치 판단이 개입되지 않은 것처럼 보이는 정보를 전달하고 안내하는 콘텐츠가 정보 큐레이션입니다. 이 점에서 정보 큐레이션은 리뷰와 다르죠. 아주 거칠게 요약해서 리뷰는 접하는 사람으로 하여금 볼까 말까, 먹을까 말까, 갈까 말까를 결정하게끔 합니다. 리뷰를 접하는 사람이 리뷰에서 다루는 소재의 성격과 내용을 아주 구체적으로 이해하게 할 수도 있죠. 한편 정보 큐레이션은 '이런 게 있습니다' 정도에서 그칩니다. 이곳에 갈지 말지, 이 음식을 먹을지 말지, 이 책을 읽을지 말지에 관한 기준을 적극적으로 제시하지는 않죠.

최근에는 정보 큐레이션과 리뷰를 엄격하게 구별하기가 어려워진 것 같기는 합니다. 정보도 너무 많고 정보 큐레이션도 너무 많아지다 보니, 만든 이의 관점이나 캐릭터가 묻어나지 않는 정보에 관심 갖는 일 자체가 드물어졌기 때문이 아닐까 생각합니다.

왜 정보 큐레이션을 할까?

제가 콘텐츠 디렉터로 일하고 있는 커뮤니티의 구성원 중 상당수가 가입 동기를 밝히며 이런 말을 합니다. '제가 일하고 있는 분야가 아닌, 다른 영역에서 다양하게 일하며 살아가는 사람을 많이 만나고 싶어요.' 아주 단순한데도 정보 큐레이션의 인기가 꾸준한 이유 역시 이 때문이 아닐까요. 사람들은 많은 정보에 질려 하면서도 언제나 자신이 보지 못한 정보를 더 알고 싶어 합니다. 마찬가지로 다양한 분야에서 빠르게 변화하는 트렌드역시 알고 싶어 하고요. 정보는 너무 많고 세상은 또 너무 넓은 까닭에, 내가 관심 있는 영역의 정보는 쉽게 파악할 수 있어도, 그렇지 않은 정보는 누군가 잘 정리해주지 않으면 접근 자체가 불가능할 정도로 편향되어 있죠. 그래서 좋은 정보 큐레이션은 복잡한 기획이 들어간웬만한 다른 콘텐츠보다 훨씬 효용이 높습니다.

무엇을 큐레이션 할까?

인스타그램에 노포페이스(@thenopoface)라는 계정이 있습니다. 오래된 식당의 사진과 정보를 함께 소개하는 계정입니다. 오래된 치킨 집, 해장국 집, 떡볶이 집, 횟

집 등이 게시물로 올라와 있어요. 젊은 세대 사이에서 역사가 오래된 맛집을 탐방하는 것이 은근한 문화로 자리 잡은 지는 꽤 되었지만, 노포페이스처럼 탐방 내용을 꾸준히 콘텐츠화하는 매체 또는 사람은 거의 없었던 것 같습니다.

노포페이스의 경우에서 알 수 있듯 정보 큐레이션은 다른 사람이 은근히 관심을 가지고 있는 것 같기는 하지만 아직 흐름이 만들어지지 않아 정보가 산만하게 흩어져 있는 분야, 또는 다른 이에 비해 내가 잘 알고 관심을 가지고 있는 분야일수록 만들기 좋습니다. 다른 사람이 봤을 때 '이런 게 있었어? 더 알고 싶어'라거나 '아, 이거 요즘 나도 관심 있었는데!'라는 반응이 나오면 가장 좋겠죠.

사실 꾸준히 관심을 갖는 분야나 소재가 아니라면 만들기 어려운 것이 정보 큐레이션이기도 합니다. 어떻게 보면 만드는 일 자체보다 만들기 전에 재료가 많이 쌓여 있어야 하는 콘텐츠라고 할 수도 있겠습니다. 그런 분야의 소재를 골라 정보 큐레이션을 계속해 가며 나름의 기준과 관점, 캐릭터를 드러내다 보면 나의 큐레이션을 신뢰하는 사람이 점점 더 많아질 것입니다. SNS에서 잘 알려지지 않은 카페를 소개하는 사람, 혹은 내 취향에 맞는 책을 소개하는 사람 한 명쯤은 구독하고 있지 않나요? 그런 것과 비슷합니다.

어떻게 만들까?

'○○○하는 다섯 가지 방법', '○○○해야 할 ○○○ 세 가지' 등은 가장 일반적인 방식의 정보 큐레이션입니다. 매체에서는 '리스트'list와 '아티클'article을 합쳐 '리스티클'listicle이라고 부르기도 합니다. 정보를 일별해서 전달하기에 직관적인 형식이기도 하지요.

우리가 주로 접하는 정보 큐레이션이 이런 식이다 보니 다른 콘텐츠에 비해 밋밋하다고 생각할 수도 있지만, 알고 보면 응용 여지가 무궁무진합니다. 딱 한 끗만 달라져도 훨씬 더 재미있는 기획이 될 수 있거든요.

제가 직접 만들어 본 정보 큐레이션과 좋아하는 콘텐츠 몇 개를 소개할게요. 이런저런 식음료 프랜차이즈 업체에서 모닝세트를 내놓기 시작할 무렵, 저는 모닝세트 소개 기사를 썼습니다. 맥도날드와 투썸플레이스, 파리바게뜨, 스타벅스, 탐앤탐스, 서브웨이의 모닝세트를 비교했어요. 당연히 '모닝세트를 소개해 볼까?' 하고 시작된 기획은 아니었습니다. '모닝세트를 판매하는 프랜차이즈 업체가 늘고 있다'는 흐름을 포착했고, 실제로 기사 기획 회의에서도 이 부분을 근거로 들어 다른 팀원을 설득했습니다. 그리고 이들 프랜차이즈 업체에서 내놓는 모닝세트가 어떻게 다른지 문장으로만 설명하지 않았어요. 기사를 읽을 사람이라면 각 모닝세트별로 실질적인 정보를 필요로 할 것 같았기 때문에 판매 시간이 몇 시부터 몇 시까지인지 함께 쓰고, 각 프랜차이즈 업체별 팁으로 카드 혜택이나 추가 옵션 등을 곁들여 정리했습니다.

고양이가 많이 등장하는 일본 드라마 몇 편을 묶어서 소개한 적도 있어요. "일본 드라마 속 고양이 분양합니다"라는 제목을 달고 메인 이미지로 각 고양이의 사진을 담은 전단지를 가상으로 만든 다음, 드라마의 내용을 간단히 요약하고 따로 항목을 빼서 고양이의 출연 분량을 표시했습니다. 당시 『고양이 사무라이』라는 드라마가 SNS를 통해 알음알음 알려지고 있었기에 기획한 콘텐츠였죠. 목록에는 한국에서 볼 수 있는 드라마와 볼 수 없는 드라마가 섞여 있었지만, 이 기사에 관심을 가질 사람이라면 직접 드라마를 보고 싶어 하기보다는 드라마 속 귀여운 고양이의 모습을 보고 SNS 등으로 공유하며 떠들고 싶어 할 거라고 예상했습니다.

정보 큐레이션 중 제가 제일 좋아하는 것은 이것입

니다. 『포파이』라는 일본 잡지에서 '도넛과 영화' 특집 호를 만든 적이 있어요. 뜬금없는 조합이지요? 이 잡지는 가끔 이렇게 아무 연관 없는 두 개의 키워드를 뻔뻔하게 엮어 자기들만의 방식으로 기획을 하는데, 그동안 『포파이』의 브랜드 이미지가 잘 만들어졌기 때문에, 또 '자기들만의 방식'이라는 것 자체가 흥미롭기 때문에 많은 사람이 관심을 가지지 않나 싶습니다. 이 기획의 출발은 맛있어 보이는 도넛이 등장하는 드라마, 데이비드 린치 연출의 『트윈픽스』 재방영이었던 것 같아요. 이 특집 호의 다양한 기사 중 한 꼭지가 도넛이 등장하는 영화를 'D등급 영화'라고 이름 붙여 소개하는 기사였습니다. 도넛이 얼마나 많이 나오는지, 얼마나 중요하게 등장하는지, 얼마나 맛있어 보이는지 세 가지 기준으로 몇 편의 작품을 소개했는데, 그걸 보면서 '정보 큐레이션도 깨알같이 항목을 나누면 이렇게 재미있을 수 있구나' 하고 생각했습니다.

이 밖에 정보를 질문과 답변으로 정리하는 'Q&A' 방식, 세세하게 나누어 정리하는 'A to Z' 같은 방식도 정보 큐레이션에 적용해 볼 수 있습니다.

주의해야 할 점

1) 사실 확인은 정확하게 하자

기본적으로 정보를 알려 주기 위한 목적의 콘텐츠인데, 사실이 아니면 곤란합니다. 첫째도 사실, 둘째도 사실입니다.

2) 콘텐츠를 접할 사람을 생각하자

흔하지 않은 소재를 고를수록 좋다고 해서, 아무도 모르고 나만 관심 가질 듯한 정보를 큐레이션 하는 것은 권하고 싶지 않습니다. 정보 큐레이션에서 중요한 능력 중 하나가 현재의 흐름을 파악하는 능력입니다. 아직 본격적으로 가시화하지는 않았지만 사람들이 관심 갖기 시작한 것, 뭔가 움직임이 있는 것, '경향'이라고 묶을 수 있을 만한 것을 파악할 줄 알아야 합니다. 그러자면 늘 무슨 일이 일어나고 있는지 주의를 기울이고 있어야 하겠죠. 일부러 주의를 기울이기 위해 노력하기보다는 평소 관심 있는 분야를 꾸준히 지켜보는 것만으로 충분합니다. 남에게는 보이지 않는 흐름이 내 눈에 보이기 시작할 거예요.

9
{ 기획안 작성하기 }

지금까지 콘텐츠 기획에 대해 이야기한 내용을 한 문장으로 요약하자면 다음과 같습니다. **콘텐츠를 기획할 때 모든 선택에는 이유가 있어야 한다.** 거창한 까닭이 있어야 한다는 게 아니라, 내가 왜 그 소재를, 콘셉트를, 플랫폼을, 발행 주기를 선택했는지 스스로 설명할 수 있어야 한다는 뜻입니다.

지금 머릿속에서 굴리는 기획이 어디까지 왔는지 궁금하다면, 기획안을 한번 써 봅시다. 누군가에게 보여 주기 위한 용도 말고, 나의 기획을 직접 정리하고 확인하기 위한 기획안을 만들어 보세요. 제출용이 아니니 분량은 짧아도 좋고 길어도 좋습니다. 만약 내용이 글로 잘 표현되지 않으면 기획에 구멍이 있거나 아직 내 안에서 제대로 정리되지 않은 것입니다. 기획안에 들어갈 항목까지 쓰는 게 가장 좋지만, 일단은 기본적으로 꼭 들어가야 하는 항목을 먼저 정리합니다. 예시로 이 책 『나만의 콘텐츠 만드는 법』의 기획안을 같이 채워 나가 보겠습니다.

제목: 나만의 콘텐츠 만드는 법

기획 의도(왜 만드는가?):
콘텐츠를 만들 수 있는 방법이 다양해지고 세분화된 시대, 콘텐츠를 소비하는 일에 머물지 않고 직접 만들어 보고 싶은 사람에게 콘텐츠 기획법의 A to Z를 나눈다. 책을 읽은 사람이 콘텐츠 기획법을 쉽게 이해하고, 더 나은 방법과 태도로 콘텐츠를 기획할 수 있도록 안내한다.

콘텐츠를 기획할 때 가장 중요한 부분이 '왜?'라는 것을 한 번 더 강조해 봅니다. 만약 여기서부터 막히면 처음으로 돌아가 다시 기획을 시작해야 합니다.

주제 및 소재(뭘 다루는가?):

특정 매체 하나에만 집중하지 않고 책, 잡지, 팟캐스트, 뉴스레터 등 매체 전반에 폭넓게 적용할 수 있는 기획법을 다룬다. 특정 매체에 바로 쓸 수 있는 기술적인 팁보다 기획의 과정을 보여 주는 데 중점을 둔다.

기획에 관한 콘텐츠를 만든다고 할 때, 기획의 전반을 다룰 수도 있고 분야를 한정할 수도 있을 것입니다. 잡지 만드는 법 또는 팟캐스트 만드는 법, 뉴스레터 만드는 법 등도 따로 한 권의 책이 될 수 있겠지요. 무엇을 다룰지, 어디서부터 어디까지 다룰지 생각해 봅시다.

콘셉트 또는 캐릭터(어떤 관점/포지션으로 만드는가?):

엔터테인먼트를 중심으로 한 웹매거진의 기자로, 독립출판을 통해 잡지와 책을 만들어 본 사람으로, 회사에서 뉴스레터를 담당하는 사람으로, 프로젝트팀에서 팟캐스트를 만들고 있는 사람으로 다양한 콘텐츠 기획을 경험한 저자가 그 경험을 바탕으로 방법론을 나눈다.

콘텐츠의 내용을 보는 사람을 잘 설득하려면 만드

는 사람의 콘셉트나 캐릭터가 그와 맞아떨어져야 합니다. 내가 어떤 특성을 가지고 있는지, 무엇에 특화되어 있는지, 어떤 전문성을 가지고 있는지 잘 고민한 다음 콘텐츠를 만드는 사람으로서 나의 비교 우위를 찾아봅시다.

독자층(누가 보는가?):

사이드 프로젝트로 내 콘텐츠를 만들고 싶은 사람, 콘텐츠를 직접 만들어 보고 싶지만 어디서부터 시작해야 할지 잘 모르는 사람, 회사에서 콘텐츠를 기획 제작해야 하는 사람이 이 책에서 목표로 하는 독자다.

저는 콘텐츠 기획법을 모르거나 어렴풋이 알고 있는 독자를 상상하며 이 책을 쓰고 있습니다. 주요 소비자 혹은 수용자가 어떤 사람일지 구체적으로 그려 보면 내용을 채워 나가는 데도 무척 도움이 됩니다.

매체와 형식:

정기적으로 발행될 수 있는 성격의 콘텐츠가 아니고, 특정한 관점보다는 '콘텐츠 기획법'이라는 하나의 이야기가 중요하므로 단행본으로 만든다. 유튜브 영상

등으로도 전달 가능한 내용이지만, 콘텐츠를 만드는 사람(나)이 영상의 문법과 기술에 익숙하지 않으므로 가장 익숙한 기술인 글쓰기로 전달한다.

어떤 매체를 통해, 어떤 형태로 콘텐츠를 만들지는 나의 상황과 콘텐츠의 성격을 모두 고려해서 결정해야 한다는 점을 잊지 마세요.

구성(어떤 내용이 들어가는가?):
기획의 정의에서 시작해 다양한 매체에 두루 적용할 수 있는 콘텐츠 기획법, 저자의 경험을 통해 책, 잡지, 팟캐스트, 뉴스레터의 구체적인 기획 과정과 기획안 쓰는 법, 콘텐츠를 기획할 때 생각해야 하는 질문과 태도에 관해 이야기한다. 콘텐츠를 만드는 사람뿐 아니라 소비하는 사람으로서도 어떤 태도를 취해야 하는지 함께 생각해 볼 수 있는 흐름으로 목차를 짠다.

책이든 잡지든 유튜브든 콘텐츠의 구체적인 내용만큼이나 '무엇으로 시작해 어떻게 마무리할 것인가'도 중요합니다. 하나의 채널, 한 권의 책, 한 편의 에피소드 안에서 어떤 흐름을 만들어야 할까요?

첫 번째 아이템(무엇으로 시작하는가?):
기획에서 가장 중요한 '왜 만드는가?'에 관한 이야기로
시작한다. 실제 콘텐츠를 만들 때 '왜?'라는 질문에 명
확한 답변을 내놓을 수 있어야 하기 때문에 이 질문을
다루면 초반부터 독자의 흥미를 유발할 수 있다.

'구성'과 연결되는 부분입니다. 만약 팟캐스트나 유
튜브라면 채널의 성격이나 만드는 사람의 캐릭터를 명
확하게 보여 주기 위해서 어떤 에피소드로 시작할지 깊
이 고민해야겠지요. 글을 쓸 때 첫 문장이 가장 어렵듯
이, 콘텐츠를 기획할 때도 첫 아이템이 가장 어려운 것
같습니다.

원칙(어떤 걸 하고 어떤 걸 하지 않는가?):
인쇄나 자세한 오디오 편집법 등 실무적인 내용보다는
전체적인 기획의 틀을 설명하는 데 초점을 둔다. 저자
의 경험 바깥에 있는 콘텐츠 기획법에 관해서는 절대
아는 척하며 설명하지 않는다. 콘텐츠 기획을 직접 경
험하며 겪은 시행착오도 반면교사 삼을 부분이 있다면
언급한다.

앞서 '팟캐스트 만드는 법'에서 느슨한 원칙을 세워 두면 콘텐츠의 색깔과 방향을 선명하게 하는 데 도움이 된다고 설명했습니다. 주의해야 할 점은 무엇인지, 내가 절대로 하지 말아야 할 것은 무엇인지 등을 미리 정리해 두면 콘텐츠를 만드는 과정에서 조금 덜 혼란할 수 있습니다. 콘텐츠를 만드는 사람으로서 내가 무엇을 중요하게 생각하는지 스스로 깨닫는 기회도 되겠지요. 그렇게 얻은 깨달음을 다음 콘텐츠 기획에 적용할 수도 있을 테고요.

이 정도 기획안을 바탕으로 잡지라면 호별 구성이나 제작 주기를, 팟캐스트라면 플랫폼 등의 항목을 추가할 수 있습니다. 매체에 따라 항목은 조금씩 달라지겠지만 앞에서 언급한 항목에 두세 줄 정도의 답을 채워 넣을 수 있다면 콘텐츠를 만들기 위한 기본 준비는 충분히 된 것입니다. 만약 동료와 함께 콘텐츠를 기획하고 있다면, 기획안을 각자 작성해 비교해 봐도 좋겠습니다. 같이 만들고자 하는 콘텐츠의 상을 비슷하게 떠올리고 있는지, 아니면 어떤 부분에서 차이가 나는지 살펴볼 수 있을 테니까요. 이렇게 문서화한 기획은 방향을 확인하

는 데 유용한 도구가 됩니다. 번거롭더라도 머릿속에 있
는 기획을 꼭 글로 표현해 봐야 하는 이유입니다.

{ 10 } 남은 이야기

우선 시작하고, 꾸준히 만들자

한때 저는 아이디어만 내는 사람이고 싶었습니다. 재미있을 것 같은 아이디어를 떠올리기만 하면 나머지 과정은 다른 사람이 척척 진행한 다음 콘텐츠를 완성해 주기를 바랐습니다. 주로 글 위주의 콘텐츠를 만들었기 때문에 마감이 너무 고통스럽게 느껴져서 그렇기도 했지만, 실은 추진력과 실행력이 부족했던 것입니다. 콘텐츠를 완성해야 기획의 목표를 달성했다고 할 수 있을 텐데, 아이디어를 떠올렸다는 것 자체에 만족하고는 했습니다.

콘텐츠 만들기 워크숍을 해 봐도 그런 분들이 꽤 있

습니다. 기획안을 직접 써 보는 단계까지는 모두 별 무리 없이 해냅니다. 기획안을 쓰는 도중에 또 다른 좋은 아이디어가 생겼다며 새로운 기획을 준비해 오는 분도 있어요. 그런데 샘플 콘텐츠를 만들어서 서로 의견을 나누는 마지막 시간이 되면 절반 정도의 참가자밖에 남지 않습니다. 아무리 기획을 꼼꼼히 짜도 실제 콘텐츠로 구현하려면 어렵고, 또 힘드니까요. 이해할 수는 있지만 안타까운 경우입니다.

콘텐츠 기획하는 방법을 알고 있고 좋은 아이디어가 있더라도 직접 만들어 보지 않으면 소용없습니다. 나중에 누군가 만든 콘텐츠를 보며 '저거 원래 내가 하려던 건데!'라고 후회하지 않으려면 반드시 기획을 실행에 옮겨 보세요. 그리고 기획은 늘 완전하지 않기 때문에 직접 콘텐츠를 만들어 봐야 수정하고 보완할 부분이 더 잘 보입니다.

책처럼 한 번 만들고 끝나는 콘텐츠가 아니라 유튜브, 팟캐스트, 잡지, 하다못해 블로그 연재 등 쌓아 가는 형식의 콘텐츠를 만들 거라면 시작만 해서는 안 됩니다. 초반에 반응이 많지 않더라도 꾸준히 채널이나 계정 콘셉트에 맞는 내용을 쌓아 가는 게 중요합니다(이건 블로그에 글 몇 개만 올린 채 내버려 둔 저 또한 명심해야 하는 말입니다). 아마 시간이 좀 걸리겠지만 쌓인 콘텐츠 자체가 힘을 발휘하는 날이 올 거예요.

쓰고 쓰고 또 쓰자

뮤지션이자 감독인 이랑의 노래 「신의 놀이」에는 제가 정말 좋아하는 가사가 있습니다.

> 여전히 사람들은 좋은 이야기가 나오기를 기다리고 있죠 / 좋은 이야기는 향기를 품고 사람들은 그 냄새를 맡죠

이 부분이 특히 책을 만들고자 하는 분께 드리고 싶은 이야기입니다. 책에는 무척 큰 힘이 있어서, 책이 아무리 많이 읽히지 않고 많이 팔리지 않는 시대라고 해도 끊임없이 만들어집니다. 물성이 있는 것, 그래서 손에 잡히는 것, 쓴 사람에게 '작가'로서 권위를 부여하는 것, 우리를 생각하게 하고 배우게 하는 것, 웃고 울게 하는 것. 책은 여전히 그런 매체입니다. 기존 출판사에서는 물론이고 독립출판으로도 책이 쏟아져 나오고 있는 지금도 좋은 책과 좋은 이야기의 존재는 변함없이 귀하며, 사람들은 좋은 책을 만들고 싶어 하고 읽고 싶어

합니다.

준비가 끝났다면, 기획이 좋은 이야기가 될 수 있도록 쓰고 쓰고 또 씁시다. 책은 대개 짧은 글의 모음이지만 '모음'이 될 때까지 짧은 글을 쌓아 나가는 일은 쉽지 않습니다. 글은 마감이 쓴다는 말도 농담 삼아 하지만, 아닙니다. 글은 내가 쓰지 않으면 아무리 마감일이 다가오더라도 '글자 수 0'의 상태에 머물러 있을 뿐입니다. 조각난 글이 모여 책의 꼴에 가까워질 때까지 열심히 써 봅시다. 쓰고 보니 누구보다 저 자신에게 하는 말인 것 같군요.

알리고 또 알리자

'제가 만든 콘텐츠를 다른 사람들에게 어떻게 잘 홍보할 수 있을까요?' 종종 이런 질문을 받습니다. 안타깝게도, 저 역시 쉽게 대답할 수 없는 질문입니다. 저는 자기 홍보에 그리 능숙한 사람이 아니기 때문입니다.

다양한 일을 굴리며 다양한 콘텐츠를 기획하고 있으니 그것을 알리는 데 별 어려움을 느끼지 않을 거라고 짐작하는 분도 있겠지만, 가끔은 이런 생각이 듭니다. 나를 알리기 위해 회사 바깥에서도 내 콘텐츠를 만들고, 그것을 알리기 위해 SNS에 관련 사진과 내용을 올리고,

해시태그를 달고, 모든 게시물에 '좋아요'가 얼마나 눌리는지, 저장한 사람은 몇 명이나 있는지 강박적으로 확인하는 일이 너무나 피곤하게 느껴진다고요. 뭔가를 기획하고 또 기획하고, 알리고 또 알리는 과정을 반복하다 보면 마지막에는 과연 무엇이 기다리고 있는 걸까요? 분명히 SNS에서는 좋은 반응을 얻었는데 그것이 판매량이나 파급력으로 이어지지 않는 결과를 확인하면서 콘텐츠를 알리고 파는 것은 보통 일이 아니라는 사실을 깨닫습니다.

그럼에도 많은 사람에게 알리고 싶은 콘텐츠가 있다면 그것에 관해 이야기하고 또 이야기해야 합니다. 가만히 있어도 누군가 내 콘텐츠를 발견해 준다면 좋겠지만 그건 정말 운이 좋은 경우일 것입니다. 모두에게 몇만 몇십만 구독자가 있는 것은 아니죠. 콘텐츠를 접하는 사람은 그와 관련한 여러 가지 이야기를 궁금해합니다. '이런 것을 만들었다'는 소식만 알리기보다는 왜 이것을 만들었는지, 어떤 과정을 통해 만들었는지, 어떤 일이 있었는지 자세히 이야기해 주세요. **기획자로서 콘텐츠에 풍성한 맥락을 더해 주세요.**

저와 동료는 2018년 언리미티드에디션에서 『둘이 같이 프리랜서』를 판매했습니다. 독립출판으로 만든 책인 데다 온라인 서점 등에서 판매한 적 없는, 그야말로 행사에서 처음 선보이는 책이었기 때문에 첫날 판매량은 그렇게 좋지 않았습니다. 책에 대한 정보가 너무 없었으니까요. 부스에 들른 손님도 대부분 몇 번 들춰 보다가 발길을 돌렸습니다. 저와 동료는 그날 밤 집으로 돌아가 포스트잇에 저희 두 사람의 코멘트를 써서 붙인 '코멘터리북'을 샘플로 두 권 만들었습니다. 책에 쓰인 문장에 맥락을 더하는 작업이었지요. 그다음 날 손님들의 반응은 완전히 달랐습니다. 무심코 책을 펼쳤다가 코멘트를 읽으며 즐거워하고, 더 꼼꼼하게 책을 읽어 보더라고요. 저희는 코멘터리북 덕분에 준비해 간 수량을 전부 판매할 수 있었다고 믿고 있습니다.

홍보는 정말 어렵습니다. 내가 만든 콘텐츠를 SNS로 알리려다가도 '내가 뭐라고' 혹은 '내가 너무 나선다고 생각하지 않을까?' 하며 지레 겁먹는 경우도 많이 보았습니다. 그러나 혼자 만족하기 위해서가 아닌, 다른 사람에게도 보여 주기 위해 콘텐츠를 만든 것 아닌가요? 이 콘텐츠에 어떤 이야기가 있는지, 알릴 수 있는 데까지 알리고 또 알려 주세요. 저도 이제부터는 그렇게 해 보려고 합니다.

자체 리뷰는 필수

기자로 일할 때 가장 긴장되는 때는 매주 금요일의 회의 시간이었습니다. 다음 주에 진행할 기사의 주제를 발제하는 것보다 이번 주에 쓴 기사의 피드백을 동료들로부터 받는 게 두려웠어요. 내 기사에 대해 특별한 의견이 없으면 '그렇게 존재감이 없는 기사였나?' 싶어서, 아쉽다는 의견이 있으면 '열심히 쓴다고 썼는데……'라는 생각이 들어 의기소침해졌습니다. 좋다는 의견을 받을 때면 아무렇지 않은 듯한 표정을 지었지만 속으로 무척 기뻐했습니다. 그렇게 동료의 의견을 받으며, 스스로 나와 동료의 기사에 피드백을 하며 좋은 콘텐츠 기획법과 개선해야 할 부분을 자연스럽게 익혀 갈 수 있었습니다.

콘텐츠를 만든 후에는 꼭 리뷰(회고)를 해야 합니다. 열심히 만들기만 하고 어떻게 만들었는지 돌아보지 않는다면 내 콘텐츠의 매력과 부족한 점을 알아보거나 개선하기 어렵습니다. 몇 가지 고정 질문을 만들어 놓고 리뷰를 한다면 더욱 좋겠죠. 저는 다음과 같은 질문을 뽑아 봤습니다. 간단한 질문이지만 콘텐츠를 만들기만 하는 것보다는 경험치를 쌓는 데 훨씬 도움이 될 거예요.

리뷰를 위한 질문 예시

- 기획했던 것과 콘텐츠의 실제 결과물은 얼마나 일 치하나요?

- 콘텐츠로 만드는 과정에서 기획과 달라진 부분이 있다면 무엇인가요? 왜 그랬을까요?

- 콘텐츠를 만들면서 새롭게 알게 된 것이 있나요?

- 잘된 부분과 잘되지 않는 부분에 대해 이야기해 봅시다.

- 다음에 개선하면 좋을 부분은 무엇일까요?

- 콘텐츠를 만들면서 새롭게 떠오른 아이디어가 있나요?

- 다음 콘텐츠의 목표를 세워 봅시다.

누군가와 팀으로 콘텐츠를 만든다면 리뷰는 더더 욱 필수입니다. 필수일 뿐 아니라 함께 목표를 향해 나 아가는 데 효과적인 도구이기도 합니다. 서로 콘텐츠에 대해 어떻게 다른 생각을 가지고 있었는지 확인할 수 있 고, 리뷰를 주고받으며 이전에는 떠올리지 못한 아이디 어가 샘솟기도 합니다. 워크숍에서도 리뷰 시간은 (샘플 콘텐츠를 완성하기만 한다면) 참가자들이 무척 좋아하 는 순서 중 하나였습니다. 타인의 시선에서 본 내 콘텐츠가 어떤지 들어 볼 수 있고, 나라면 생각지 못했을 아이디어를 동료들이 덧붙여 주고는 하니까요.

콘텐츠를 완성하는 과정에는 기획하고, 직접 만들어 보고, 만들며 기획을 다시 확인하고, 피드백을 받는 작업이 전부 포함돼야 합니다. 이것은 서로 신뢰하며 의지할 수 있는 동료의 존재가 중요하다는 의미이기도 합니다.

함께 만들면 더 좋다

돌아보니 제가 만든 콘텐츠는 대부분 동료와 함께 만든 것이었습니다. 혼자라면 머릿속에서 아이디어만 굴리다 끝났을지도 모를 일이 동료 덕분에 잡지가 되고, 책이 되고, 팟캐스트가 되는 경험을 계속해서 할 수 있었습니다.

'내 콘텐츠 만들기'라고 해서 반드시 혼자 시작할 필요는 없습니다. 적절히 역할을 나누고 함께 머리를 맞댈 동료가 있다면, 저는 가능한 함께하기를 권하고 싶습니다. 물론 협업은 언제나 어려운 과정이기에 처음에는 잘 맞는 것 같았던 동료와 콘텐츠를 만들어 나가면서 부딪치는 순간이 반드시 찾아올 거예요. 그래도 일을 어떻게 얼마나 나눠야 하는지, 의사 결정을 어떤 방식으로 해야 하는지, 콘텐츠를 만들어서 이루고자 하는 목표가 무엇인지 끊임없이 대화하며 맞춰 가는 수밖에는 없습니다.

얼마 전, 서로 모르는 사이로 처음 만나 지금까지 북팟캐스트를 만들고 있는 팀의 이야기를 들을 기회가 있었습니다. 팟캐스트를 어떻게 만들고 있는지 기술적인 부분에 관한 팁도 풍부했지만, 그보다는 서로 너무나 다른 사람이 어떻게 의견을 조율해 가며 하나의 목표를 이루기 위해 노력하는지에 관한 이야기였습니다. 의사소통을 하는 방식도, 프로젝트에 사용할 수 있는 에너지 수준도, 마음에 들지 않는 부분이 있을 때 표현하는 방식도, 북 팟캐스트라는 프로젝트에 기대하는 바와 구체적인 관심사, 능력치도 전부 달랐기 때문에 많은 시행착오를 겪어야 했다고, 그들은 말했습니다.

그 이야기를 듣다 보니 조금 뭉클한 기분이 들었어요. 닮은 점이라고는 거의 없는 사람들이, 심지어 커뮤니티에서 처음 만난 사이였음에도 서로 간의 균형점을 찾아가며 결국 한 팀으로 북 팟캐스트를 만들어 냈다는 사실 때문에요. 시간과 노력은 많이 들어가고, 수익은 아직 기대하기 어렵고, 목표를 향해 가는 과정에는 수많은 어려움이 포진해 있으니 중도에 포기하려면 얼마든지 포기할 수 있었을 것입니다. 그럼에도 그러지 않았다는 사실이 감동적으로 느껴졌어요.

저는 저의 책『아무튼, 잡지』에서 이런 말을 쓴 적이 있습니다.

나는 취향과 관심사가 다르고 특성도 서로 다른 사람들이 만나는 일을 사랑한다. 그렇게 만나 각자의 개성을 굳이 깎아내리려고 하지 않는 태도를 사랑한다. 그 불균질함을 동력 삼아 매력적인 잡지를, 느슨한 모임을, 또 다른 무언가를 만들어 내는 일을 사랑한다.

누군가와 함께 콘텐츠를 만드는 여정은 분명 힘들겠지만, 좋은 콘텐츠 만들기라는 목표를 향해 의견을 조율하며 나아갈 의지만 있다면 또 그렇게 어려운 과정만은 아닐 거라고 생각합니다. 콘텐츠를 만드는 과정에서 좋은 협업과 아쉬운 협업을 모두 경험해 봤지만, 그 모든 협업에서 서로 의견 차이를 좁히지 못해 갈등했던 순간보다는 계획한 결과물을 완성하고 함께 맛있는 음식을 먹으며 축하했던 순간의 기억이 저에게는 강렬하게 남아 있습니다. 콘텐츠 만드는 과정의 기쁨과 슬픔을 함께 나눌 동료가 있다는 건, 단언하건대 굉장히 멋진 일입니다.

나를 드러낸다는 것

글쓰기나 콘텐츠 기획에 관한 강의를 할 때마다 받는 질문이 있습니다. '글을 쓸 때 제 이야기를 어디까지 솔직하게 드러내야 할까요?' 나를 남에게 보여 주는 건 부담스럽게 느껴지지만, 창작자가 자신을 드러내지 않는 콘텐츠는 관심조차 받기 어렵게 느껴지는 시대라 나오는 질문인 것 같습니다.

그럴 때 저는 이렇게 답하고는 했습니다. "일단 글을 계속 써 보세요. 쓰다 보면 내가 어느 선까지 감당할 수 있고, 어느 선부터 감당할 수 없는지 감을 잡을 수 있을 거예요. 내 마음을 불편하게 하지 않는 선이 어느 정도인지 시험해 보세요." 사람마다 생각하는 '솔직함'은 모두 다르고, 그렇기에 '여기부터 여기까지는 쓰셔도 됩니다'라고 답할 수 없기 때문에 이 정도면 시원하지는 않아도 나쁘지 않은 대답이겠거니 했지요.

2020년 4월, 저와 동료가 처음으로 뉴스레터 구독 서비스를 시작했습니다. 영화나 드라마 등을 보고 떠오르는 이야기를 편지 형식으로 써서 구독자에게 보내는 뉴스레터예요. 팟캐스트에서 하듯 작품 리뷰를 쓰면 별로 어려울 게 없겠다고 예상하던 저는 첫 번째 뉴스레터를 보낸 후 약간 혼란에 빠졌습니다. '편지'라는 형식의 특성상 쓰는 사람의 개인적인 이야기를 담지 않으면 글에 힘이 실리지 않는다는 점, 그런 반면 저는 개인적인 이야기를 썩 즐겨 하는 편이 아니라는 점을 깨달았기 때문입니다. 작품과 연결 지어 이야기하고 싶은 몇 가지 개인적인 소재를 떠올리다가도 '왜 이걸 다른 사람이 읽어야 하지?', '이것까지 드러내기에는 아직 내가 준비되지 않은 것 같은데?'라고 생각하며 쓰기를 포기했어요. 나를 드러낸다는 건 뭘까요? '솔직하게' 나를 담아 콘텐츠를 만든다는 건 어떤 의미일까요? 우리는 얼마나 솔직해질 수 있을까요?

리베카 솔닛은 자신의 책 『멀고도 가까운』에서 글쓰기가 어떤 행위인지 이렇게 설명합니다.

글쓰기는 누구에게도 할 수 없는 말을 아무에게도 하지 않으면서 동시에 모두에게 하는 행위이다. (……) 너무 민감하고 개인적이고 흐릿해서 평소에는 가장 가까운 사람에게 말하는 것조차 상상할 수 없는 이야기를.

개인적인 이야기가 다른 사람들에게 어떻게 가닿을지, 그것이 어떤 의미를 가질 수 있을지 회의적이었던 저는 이 부분을 읽고 조금 용기를 얻었습니다. 그리고 문득 알게 됐어요. 글로 나를 드러내고 나의 이야기를 한다는 게 내 모든 것을 보여 준다는 뜻은 아니라는 사실을요. 가령 제가 '사실 나는 예전에 ○○○했다'라고 아주 충격적인 일화를 털어놓는다면, 그것은 솔직하고 진실한 글일까요? 그저 누구에게도 하지 않았던 이야기를 고백하는 데서 멈춘다면 의미 있는 글이 되기는 어렵겠지요. 내가 왜 이 이야기를 굳이 하고 싶은지, 그 이야기를 통해 궁극적으로 어떤 진실을 전하려고 하는지, 쓰는 내가 아니라 읽는 이에게도 그 진실이 어떤 의미가 될 수 있을지, 이것으로 다른 사람과 어떻게 연결될 수 있을지 고민한 글이야말로 나를 드러내는 글이 아닐까 생각합니다.

내가 겪은 일과 나를 둘러싼 세상과 다른 이를 나의 눈으로 가까이 그리고 멀리서 바라보고, 스스로 해석하는 것. 무엇보다 그것을 나의 언어로 표현해 보는 것. 이 행위는 단순히 나의 사적인 영역을 콘텐츠의 소재로 삼는 일과 전혀 다릅니다. 실은, 있었던 일을 그대로 옮기는 솔직함과도 무관한 일이겠지요. 글로, 목소리로, 영상으로 나의 세계를 새롭게 만드는 일에 가까울 것입니다.

내 콘텐츠에는 세상을 바라보는
나의 관점과 태도가 담긴다

재미, 시의성, 대중성. 매체에서 기사를 어떻게 기획하는지 처음 배웠을 때, 이 세 가지 기준 중 두 가지만 충족하면 괜찮은 기사가 될 수 있다고 들었던 기억이 납니다. 재미있다는 것은 그 기사를 보고 누구나 웃을 만하다는 것, 시의성이 있다는 것은 지금 인기 있는 사람이나 많은 관심을 받고 있는 주제라는 것, 대중성이 있다는 건 말 그대로 많은 사람이 알고 있는 주제에 관한 기사라는 뜻이었습니다. 기획이 잘 되지 않을 때면 이 세 가지 기준 중 뭐가 어떻게 부족한 걸까 이리저리 고민하고는 했습니다. 때로는 그 기준에 따라 '이건 재미와 시의성을 충족했으니 좋은 기사가 되겠지'라고 생각하며 자신 있게 기획 회의에 가져가기도 했죠.

그런데 재미와 시의성과 대중성은 이제 너무 헐거운 기준이 되어 버렸습니다. 아니, '되어 버렸다'라기보다는 예전의 제가 그 의미를 오해했던 것 같습니다. 누구나 웃을 만한 재미란 구체적으로 무슨 의미일까요? 콘텐츠를 접하는 무척 다양한 사람 중 '누구나' 웃을 만한 소재가 과연 있을까요? 시의성도 마찬가지입니다. 나에게는 지금 이게 정말 중요하고 꼭 다뤄야 할 소재로 여겨질 수 있겠지만, 과연 다른 사람에게도 그럴까요? 대중성은요? 그렇다면 온 국민이 다 아는 소재에 관한 콘텐츠를 만들면 되는 걸까요?

이 기준이 부족하다기보다는 인정해야 하는 것이겠지요, 내가 볼 수 있는 세상은 생각보다 좁고, 내가 중요하다거나 재미있다거나 많은 사람이 이미 알고 있다고 생각하는 것이 실제로는 아닐 수 있다는 사실을. 나는 지극히 제한적인 시야에서 콘텐츠를 기획할 수밖에 없다는 사실을요. 시간의 흐름에 따라 시의성과 재미와 대중성을 보는 개인의 기준조차 완전히 달라지기도 합니다.

한때 저는 아이돌에 관한 기사를 정말 많이 썼습니다. 무대를 분석하고, 팀별 콘셉트를 해석하고, 아이돌

그룹을 성공시킨 사람의 인터뷰를 했어요. 지금도 누군가에게는 이런 기획이 중요하게 느껴질 수 있습니다. 심지어 한국 아이돌 산업이 전 세계적으로 주목받고 있는 시기니까요. 그러나 저에게는 더 이상 아닙니다. 지금의 저는 엔터테인먼트 산업에서 여성의 자리가 얼마나 부족한지 혹은 아이돌, 특히 걸 그룹이 얼마나 힘든 환경에서 일하고 있는지에 훨씬 더 많은 관심을 갖고 있습니다. 저는 그때나 지금이나 같은 사람이지만, 몇 년 사이 시의성과 재미와 대중성을 보는 제 기준이 바뀌어 버린 것입니다.

이것을 다른 말로 바꾸면 세상을 보는 시선, 즉 관점이라고 표현할 수 있습니다. **기획은 결국 나의 관점을 찾고 다듬어 나가는 일이라는 생각이 들어요.** 하나의 소재를 다양한 접근법으로 쪼개어 보고, 그중 내가 이야기하고 싶거나 이야기할 수 있는 방향에서 콘텐츠를 만들게 되니까요. 내가 세상을 어떻게 이해하고 있는지, 어떻게 바라보고 있는지에 따라 이 '방향'은 달라집니다. 지금 무엇이 중요하다고 생각하는지, 어떤 이야기를 더 목소리 높여서 해야 한다고 생각하는지가 드러나는 거겠죠.

다양한 관점이 다양한 통로와 다양한 방법을 통해 한 개인이 바깥으로 드러나는 것은 분명히 멋진 일입니다. 요즘에는 이걸 개인의 '자기 브랜딩'이라고도 하더라고요. 하지만 관점이 반영된 콘텐츠를 만드는 것과 자신의 콘텐츠를 만드는 행위를 '자기 브랜딩'이라고 표현하는 것은 다른 문제입니다. 이 말이 유행하던 초반에는 저도 별 생각 없이 사용했던 것 같아요.

사람은 파는 무언가가 아니고, 따라서 브랜드도 아니며, 브랜딩을 꼭 해야 하는 존재도 아닙니다. '자기 브랜딩'이라는 말은 사람을 노동 시장의 상품으로 인식할 때 나올 수 있는 표현이 아닐까요? 자신의 생각과 이야기를 세상에 잘 알리라는 것과 자기 브랜딩이 필요하다고 말하는 것은 전혀 다르겠죠.

심지어 자기 브랜딩을 강조하는 현상은 콘텐츠가 점점 개인의 사적인 영역과 붙어 있게 된 요즘의 상황과 맞물려 더욱 부조리하게 보입니다. 저도 가끔 저만 아는 제 일상의 무언가를 뚝 잘라 내어 콘텐츠화하고 싶은 충동을 느끼고 꽤 자주 그런 시도를 하기도 하지만(더불어 지구력이 없어서 늘 실패하기는 하지만), 이런 방식으로는 누구도 건강하게 일하며 살아갈 수 없을 것입니다.

콘텐츠 만들기 워크숍에서 '저는 사적인 이야기를 드러내는 게 싫고 어디까지 드러내야 할지도 모르겠는

데, 콘텐츠를 만들 수 있을까요?'라고 묻는 분을 많이 만났습니다. 내 콘텐츠를 만들기 위해서는 나의 관심사 혹은 전문성과 관련한 키워드를 발견해야 하지만 그것이 곧 나의 모든 사적인 영역을 콘텐츠로 전환해야 한다는 뜻은 아닙니다. 내밀한 영역까지 콘텐츠로 만들어 바깥에 내보이지 않아도 괜찮습니다. 내가 드러내고 싶은 만큼만 나를 드러내도 괜찮습니다. 왜 우리는 나의 사적인 부분을 팔지 않으면 지속 가능한 일을 할 수 없다고 생각하게 됐을까요? 왜 조직 바깥에서 나의 사생활을 일부라도 콘텐츠로 만들어 팔아야 비로소 내 것을 만들어 내 일을 할 수 있다고 은연중에 믿게 됐을까요?

그래서 콘텐츠 기획을 본격적으로 시작하기 전에 한 가지 질문을 나 자신에게 해 봐야 한다고 말하고 싶습니다. 콘텐츠를 만들고 싶은 나의 마음이 이야기나 무언가를 직접 표현하고 싶은 욕구인지, 주변에서 다들 자기 콘텐츠가 있어야 하는 시대라고 말하니 왠지 나도 무언가를 만들어야 할 것 같은 강박에 가까운지 말입니다. 당연히 이 두 가지를 깔끔하게 분리할 수는 없을 거예요. 그럼에도 어느 쪽으로 치우쳐 있는지는 꼭 고민해 봐야 합니다. 기획에서 '왜?'를 자꾸만 물어야 하는 이유도 그 때문입니다. 하고 싶은 이야기를 먼저 발견하는 연습을 계속 해 봅시다.

콘텐츠 만드는 법에 관해 쭉 이야기했지만, 저는 좋은 콘텐츠를 만드는 기획자나 생산자가 되는 것만큼이나 좋은 감상자가 되는 것도 중요하다고 생각합니다(저는 콘텐츠를 소비한다는 말이나 '소비자'라는 표현을 별로 좋아하지 않습니다). 다른 사람이 만든 콘텐츠를 성실하게 보고, 기획자나 창작자가 좋은 콘텐츠를 지속적으로 만들 수 있도록 좋은 것에 관해 더 크게 이야기하고, 그 안에 누군가를 혐오하거나 배제하는 내용은 없는지 확인하고 지적할 수 있는 감상자라면 어떨까요. 그렇게 자신만의 관점과 기준을 다듬어 갈 줄 아는 감상자가 되는 것만으로도 충분하지 않을까요. 콘텐츠의 수가 기하급수적으로 늘어나는 것보다 이런 사람이 많아지는 게 훨씬 더 건강한 환경이라고 생각합니다.

콘텐츠를 만들든 즐기든, 이 콘텐츠가 지금 세상과 어떻게 연결돼 있는지, 내가 세상을 어떻게 보고 이해해야 하는지 고민하는 사람이 되고 싶습니다. 어떤 브랜드가 되기보다 다른 사람의 관점과 경험을 존중할 줄 아는 사람도 되고 싶습니다. 그러면서 좋은 기획, 좋은 콘텐츠가 무엇인지에 대한 기준을 계속해서 만들어 나가고 싶습니다.

● 박소연 지음, 『일 잘하는 사람은 단순하게 합니다』,
　더퀘스트, 2019

자기계발서로 분류되는 책을 즐겨 읽지 않았습니다. '자기계발'이라는 표현 자체에 막연한 거부감을 갖고 있었기 때문이에요. 그런데 '다른 사람은 기획에 관해서 뭐라고 이야기하고 있지?' 하는 궁금한 마음으로 이 책을 우연히 찾아 읽고 그런 거부감이 편견일 뿐이었다는 사실을 깨닫게 되었습니다. 『일 잘하는 사람은 단순하게 합니다』는 직장에서 기획을 하거나 제안을 하거나 보고서를 써야 하는 사람을 주요 독자로 삼고 있지만, 여기서 알려 주는 기획의 기본은 콘텐츠 기획에 적용해도 무리가 없을 정도입니다. 실은 '기획은 만들고 싶은 이상적인 상을 상상하는 것'이라고 막연히 정의했던 저의 생각이 이 책을 읽은 후 '기획은 상상이 아니라, 목표를 설정하고 그 목표와 지금 상태 사이의 틈을 줄이는 것'이라고 완전히 바뀌었습니다. 목적을 설정하고, 그것을 가능한 잘게 쪼개어 보고, 그중 의미 있는 것을 함께 묶어 내는 과정을 특히 상세히 설명하고 있으니 콘텐츠 기획뿐 아니라 '기획' 자체를 좀 더 자세히 알고 싶다면 이 책부터 시작해 보셔도 좋을 것 같습니다.

● 　우치누마 신타로·아야메 요시노부 지음, 김혜원 옮김,

　　『책의 미래를 찾는 여행, 서울』, 컴인, 2018

일본의 북 코디네이터인 우치누마 신타로와 아야메 요시노부가

서울의 책방 운영자와 출판사 대표, 출판문화 연구자 등을 인터

뷰해 펴낸 책입니다. 한국의 출판 산업을 각자의 방식으로 조망

하고 책에 대한 사랑을 드러내는 모든 분의 이야기가 흥미로웠

지만, 그중에서도 책방 유어마인드를 운영하며 북페어 '언리미

티드에디션'을 만들어 가고 있는 이로의 말이 인상적이었어요.

"어떤 테마를 책으로 구현해 내는 편집이라는 과정이 중요하다

는 거죠. 거대한 출판사의 책처럼 단단하고 일관된 편집을 거쳐

야만 한다는 것이 아니라 내가 스스로 편집자가 되어 내 책을 바

라볼 수 있느냐 없느냐의 차이인 것 같아요." 여행지에서 찍은

사진을 묶어 놓기만 한다고 의미 있는 출판물이 되지 않듯, 마찬

가지로 특정한 흐름 없이 오늘 하루에 벌어진 일을 짧은 영상으

로 찍어 이어 붙인 것을 좋은 콘텐츠라고 하기 어렵듯, 모든 콘

텐츠 기획에는 재료를 엮어 내는 관점과 편집이 필요하다는 이

야기이겠죠. 근래 한국 출판계에 어떤 흐름이 만들어지고 있는

지, 팔거나 만드는 사람의 주관이 콘텐츠에 어떤 식으로 영향을

끼치는지 알고 싶은 분에게도 추천합니다.

● 우치누마 신타로 지음, 문희언 옮김, 『책의 역습』, 하루,
  2016

앞에서 언급한 우치누마 신타로의 단독 저서입니다. 우치누마 신타로는 도쿄 시모기타자와에서 서점 B&B를 운영하고 있는 일본의 북 코디네이터입니다. 이 책은 '책이 팔리지 않는 시대다', '출판문화는 붕괴 중이다'라는 말 앞에서 책의 무궁무진한 확장 가능성을 역설합니다. 최근 몇 년간 기획이 잘 떠오르지 않을 때면 이 책을 가장 자주 펼쳐 봤어요. 책과 사람을 연결하는 방법, 생활 속의 음식, 물건, 문화와 책을 함께 엮어 기획하는 법, 사람들이 책에 훨씬 더 흥미를 느낄 수 있게 만드는 법은 물론 책과 잡지가 어떻게 다른지 등에 관해 명쾌한 답을 들려주거든요. 책이나 잡지의 기획법이 특정 브랜드의 서가를 편집하는 것, "회식과 파티를 기획하고 누구를 부를까 생각하는 것" 등 일상의 다른 영역을 기획하는 일과 닿아 있다는 시선도 흥미롭습니다. 이 책을 읽고 나면 머릿속에 이런저런 아이디어가 떠올라 결국 수첩을 펼치게 될 거예요.

● 미노와 고스케 지음, 구수영 옮김, 『미치지 않고서야』,

　　21세기북스, 2019

베스트셀러를 만든 편집자이자 '온라인 살롱'을 만들어 사람들을 모으고 있는 미노와 고스케의 성공 노하우를 담았습니다. 제목인 『미치지 않고서야』는 '무언가에 미치지 않고서 성공을 이뤄 내기는 어렵다'라는 뜻이 되겠네요. 사실 저는 무엇이든 미쳐서 하기보다 너무 뜨겁지 않은 온도로 미지근하게 꾸준히 하는 것을 선호하는 편이라 책을 읽는 내내 '그러면 안 돼!'라고 조금 야단맞는 느낌을 받기도 했습니다. 동시에 저돌적으로 콘텐츠를 기획하고, 저자를 섭외하고, 그 과정에서 자신의 이름까지 널리 알리는 미노와 고스케의 에너지가 부럽기도 했어요. 자신이 만드는 콘텐츠를 제대로 팔기 위해 주요 독자가 누구인지 치열하게 고민하고, 이전의 관행에 따르기보다 새로운 길을 계속해서 만들어 가려는 태도는 콘텐츠를 기획하는 모든 사람에게 필요한 부분이 아닐까 생각합니다. 그래서 『미치지 않고서야』는 기획의 구체적인 팁을 배우기보다 앞으로 나아가기 위한 동력과 건강한 자극을 원하는 분에게 더 잘 맞을 것 같은 책이에요.

● 매거진B 편집부 지음, 『잡스—에디터』(Jobs—Editor),

   Reference By B, 2019

저는 회사에서 프로그램과 뉴스레터, 디지털 리포트 등 온오프라인 콘텐츠를 기획하는 업무를 맡고 있습니다. 가끔은 '내가 하는 일이 콘텐츠 마케터의 일과 크게 다르지 않은 것 같은데, 그렇다면 나의 전문성은 무엇일까?' 하고 고민하기도 했어요. 다행히 이 질문에 대한 답을 잡지 『매거진 B』 편집부가 새롭게 만든 단행본 시리즈의 첫 책 『잡스—에디터』에서 얻을 수 있었습니다. 이 책에 등장하는 에디터들은 에디터란 더 이상 잡지사에만 존재하는 직업이 아니며, 에디팅과 큐레이팅 능력이 브랜드와 콘텐츠 전반에서 중요하다고 이야기해요. 그들의 이야기 중에서도 영국의 편집숍 '미스터포터'의 브랜딩과 콘텐츠 디렉팅을 맡고 있는 제러미 랭미드의 말이 무척 인상 깊어 수첩에 또박또박 받아써 두었습니다. "소비자의 행동 분석을 통한 제안은 물론 훌륭한 방법입니다만, 그들이 좋아하는 세계에만 매몰되어선 안 됩니다. 흥미롭고 새로운 이야기, 독자가 미처 몰랐던 세계를 발견해서 소개하는 일 역시 에디터의 역할이자 이 직업의 고유한 매력 중 하나입니다."

● 이슬아 지음, 『깨끗한 존경』, 헤엄, 2019

기자가 되어 첫 번째 인터뷰를 나가기 전, 선배들이 저에게 말했습니다. "눈앞에 앉아 있는 사람의 모든 것이 너무너무 궁금하다는 마음으로 인터뷰를 해야 해." 그 사람과 어떤 이야기를 나눌지 어느 정도는 미리 계획을 세우고 인터뷰에 들어가지만, 그럼에도 복잡하고 다양한 면을 가진 이로서 인터뷰이를 대하고 이야기를 듣고 질문해야 한다는 뜻이었지요. 때로는 잘됐고, 때로는 잘되지 않았어요. 내가 원하는 방향으로 대화를 끌고 가기 위해 정작 인터뷰이의 대답을 흘려듣기도 했고, 아무리 질문을 던져도 좋은 대답이 나오지 않는 상황에 실망하기도 했죠. 무엇보다 인터뷰란 단순히 인터뷰이인 상대가 나에게 무언가를 이야기해 주기를 바라는 일이 아니라, 인터뷰어인 나도 그에게 내가 어떤 사람인지 충분히 드러내야 한다는 것을 뒤늦게야 알게 됐어요. 『깨끗한 존경』은 작가 이슬아가 자신을 지우지 않으면서 다른 이들과 마주 앉은 몇 시간이나마 그들의 눈으로 세상을 바라보려 노력한 인터뷰집입니다. 잠이 오지 않는 밤에 여기 실린 글을 읽으면서 저 또한 잘 듣고 잘 묻는 사람이 되고 싶어졌어요. 이슬아가 서문에 쓴 것처럼 "우리의 시선을 이동"하며 "나 아닌 존재에게 연결되고 확장"하는 태도는 인터뷰뿐 아니라 다른 모든 콘텐츠를 만들 때도 필요하지 않을까 생각하면서 말이지요.

● 김겨울 지음, 『유튜브로 책 권하는 법』, 유유, 2019

유튜브 채널 『겨울서점』을 운영하고 있는 작가 김겨울의 책입니다. 채널 콘셉트를 설정하는 법, 그 콘셉트를 보는 이들에게 설득하기 위해 구체적으로 필요한 장치 등을 자세히 설명하고 있어 유튜브가 아닌 다른 콘텐츠의 구성을 고민할 때도 참고해 보면 무척 유용할 거예요. 게다가 모두가 '자기 브랜딩'이나 '자기 콘텐츠'가 중요하다고 말하는 시대에 어떻게 나를 지키며 나답게 일할 것인지도 함께 이야기합니다. 저는 다음 문장들을 오래오래 읽었습니다. "저는 유튜버 김겨울이지만 인간 김겨울이고, 글 쓰는 김겨울이며, 책 읽는 김겨울이고, 곡을 만들고 연주하는 김겨울입니다. 이 감각을 완전히 되찾기 전까지는 저 자신에게 숫자를 잠시 금지할 예정입니다. 형편없는 숫자를 앞에 두고도 "나는 인간 김겨울이다"라고 말할 수 있을 때, 그때 조심스럽게 숫자들과 마주하고 싶습니다. 그 숫자들 역시 사람이라는 것을 잊지 않으면서요." 콘텐츠를 만드는 사람으로서 이렇게 생각하는 다른 창작자가 있다는 사실은 늘 큰 힘이 되는 것 같습니다.

● 잡지 『포파이』(Popeye)

"Magazine for City Boys"라는 슬로건을 내걸고 있는 일본의 남성 패션 잡지입니다. 남성 패션에 중점을 두고 있으니 편의상 "남성 패션 잡지"라고 소개했지만, 재미있는 소재를 특집으로 많이 다루기 때문에 누구나 즐겁게 읽을 수 있습니다. 특히 이 잡지는 전혀 관계없어 보이는 키워드를 엮어 설득력 있는 기획을 만들어 내는 데 뛰어난데요, 제가 좋아하는 편은 본문에서 언급했던 '영화와 도넛' 외에 '카레와 책' 특집편입니다. "한 손으로 책장을 넘기며 나머지 한 손으로 먹을 수 있는 음식은 카레뿐이다"라는 글로 시작해 지역별 카레 가게 지도를 만드는 등 기발함은 물론 집요한 취재까지 돋보이는 특집이지요. 최근에는 이러한 엉뚱한 기획을 자주 시도하지 않는 것 같아 조금 아쉽습니다. 참고로 아이폰이나 아이패드, 맥북을 사용하는 분이라면 해외 계정으로 앱스토어에 접속해 『포파이』를 전자판으로 구매할 수 있습니다.

● 잡지 『앤드프리미엄』(&premium)

요즘 분위기가 좋은 카페에 가면 꼭 비치돼 있을 정도로 국내에서도 인기 있는 일본 잡지입니다. "The Guide to a Better Life"라는 슬로건을 달고 있는 만큼 '기분 좋은 아침을 만드는 법', '혼자 있는 시간은 소중하다', '그 사람이 한 번 더 읽고 싶은 책' 등 일상을 조금 더 낫게 만드는 방법과 습관, 물건을 주로 다룹니다. 『앤드프리미엄』에서 가장 크게 배울 수 있는 부분은 지금 사람들이 생활에서 원하는 바를 문장으로, 제목으로 적확하게 뽑아내는 기획력과 잡지의 분위기나 성격을 잘 보여 주는 이미지 및 페이지별 구성 능력 등입니다. 인터뷰도 자주 싣는 편인데, 단순히 '유명하고 인기 있는 사람을 인터뷰한다'에서 그치는 것이 아니라 다루는 소재와 잘 맞는 인터뷰어를 섭외하고, 그에게서 소재와 관련된 내용을 풍부하게 이끌어 내는 기술이 돋보입니다. 『앤드프리미엄』 역시 『포파이』처럼 앱스토어에서 전자판으로 구매할 수 있어요.

● 앱스토어

책이나 잡지가 아니라서 조금 놀라셨나요? 아이폰 사용자인 저는 종종 앱스토어에 들어가 '투데이'란에 어떤 콘텐츠가 올라왔는지 확인하고는 합니다. 주로 다루는 것은 당연히 앱 소개이지만 이 수많은 앱을 어떤 주제와 방법으로 엮어 사용자에게 보여주는지, 즉 큐레이션에 대해 배울 수 있습니다. 밸런타인데이에 맞춰 식당을 미리 예약하지 못했을 때 어떻게 남은 자리를 예약할 수 있는지 다양한 앱을 통해 알려 준다거나, '흑인 역사의 달'에 맞춰 흑인 앱 개발자 혹은 게임 개발자, 창작자 등을 인터뷰하고 그가 만든 앱을 소개한다거나, 미국 아카데미상 시상식 시기에 맞춰 넷플릭스, 훌루, 애플티브이 등 다양한 플랫폼에서 시청 가능한 수상작 및 후보작의 목록을 만든다거나 하는 식입니다. 단순히 정보를 전달하거나 소개하는 콘텐츠가 시의 적절한 주제에 따라 얼마나 재미있어질 수 있는지 확인해 보세요.

나만의 콘텐츠 만드는 법
: 읽고 보고 듣는 사람에서 만드는 사람으로

2020년 8월 4일 　　초판 1쇄 발행
2023년 7월 4일 　　초판 6쇄 발행

지은이
황효진

펴낸이　　**펴낸곳**　　**등록**
조성웅　　도서출판 유유　　제406-2010-000032호(2010년 4월 2일)

주소
경기도 파주시 돌곶이길 180-38, 2층 (우편번호 10881)

전화　　**팩스**　　**홈페이지**　　**전자우편**
031-946-6869　　0303-3444-4645　　uupress.co.kr　　uupress@gmail.com

페이스북　　**트위터**　　**인스타그램**
facebook.com　　twitter.com　　instagram.com
/uupress　　/uu_press　　/uupress

편집　　**디자인**　　**마케팅**
전은재, 이경민　　이기준　　전민영

제작　　**인쇄**　　**제책**　　**물류**
제이오　　(주)민언프린텍　　다온바인텍　　책과일터

ISBN 979-11-89683-66-5 04320
　　　979-11-85152-36-3 (세트)